Und das glaubst du noch? Glaube im Disput

Ein Beitrag zur Neuevangelisierung
von
Guido Becker

Autor und F. d. I. v.:

Spiritual GR Guido Becker

Herausgeber:

Katholische Neuevangelisierung

A 1180 Wien Gentzgasse 122/1
Tel+Fax (0043)1/478 83 76
E-Mail: kath.neuevangelisierung@aon.at

ISBN Nr.: **978-3-200-03023-7**

Titelgrafik: **P. Eduard Deffner SJM,
P. Tobias Christoph SJM**

Druck: **Jednosc, Kielce/Polen**

Vorwort

Papst Benedikt XVI. hat vom 11. Oktober 2012 bis zum 24. November 2013 ein Jahr des Glaubens ausgerufen. Vor ihm hatte bereits Papst Paul VI. zur 1900-Jahrfeier des Martertodes der Apostel Petrus und Paulus 1967/68 ein solches Jahr anberaumt. Er tat es nur zwei Jahre nach der Beendigung des Zweiten Vatikanischen Konzils, weil bereits damals innerhalb der Kirche gewagte Neuinterpretationen und Infragestellungen von Glaubenswahrheiten durch manche „progressive" Theologen sich ausbreiteten, die zu Verwirrung und Verunsicherung unter den Gläubigen geführt hatten. Papst Paul VI. hat dem mit der feierlichen Verkündigung des „Credo des Gottesvolkes" am 29. Juni 1978 das klare Bekenntnis des unverfälschten katholischen Glaubens entgegengesetzt.

Wie sein Vorgänger will Papst Benedikt XVI. nun zur 50-Jahrfeier der Eröffnung des Zweiten Vatikanischen Konzils mit dem neuerlichen „Jahr des Glaubens" die Kontinuität der katholischen Glaubenslehre durch das Konzil bekräftigen und zur Orientierung und Vertiefung des Glaubens in der heutigen Zeit anregen. Die folgenden Kapitel beruhen auf einer Predigtreihe, die der Verfasser 1978 bis 1979 in der Mainzer Dom- und St. Quintinspfarrei gehalten hat.

Einer Generation, der man im Religionsunterricht nicht selten „die Bibel auseinander genommen" hat, Glaubenswahrheiten „abgeschminkt" hat, mehr über nichtchristliche Religionen beigebracht hat, nur nicht den unverwässerten katholischen Glauben, unverschuldet mit einem Glaubensdefizit ins Leben entlassen hat, tut die Neuevangelisierung not.

Orientierung Suchenden sollen die folgenden Kapitel eine Hilfe sein und Verunsicherte im Glauben stärken.

Am Fest der Cathedra Petri, 22. Februar 2013 *Guido Becker*

INHALTSVERZEICHNIS

ERSTER GLAUBENSARTIKEL
Ich glaube an Gott,
den Vater, den Allmächtigen,
den Schöpfer Himmels und der Erde
Seite 12

ZWEITER GLAUBENSARTIKEL
Und an Jesus Christus, Gottes eingeborenen Sohn, unseren Herrn
Seite 33

DRITTER GLAUBENSARTIKEL
Empfangen durch den Heiligen Geist,
geboren von der Jungfrau Maria
Seite 43

VIERTER GLAUBENSARTIKEL
Gelitten unter Pontius Pilatus, gekreuzigt, gestorben und begraben
Seite 53

FÜNFTER GLAUBENSARTIKEL
Hinabgestiegen in das Reich des Todes,
am dritten Tage auferstanden von den Toten
Seite 56

SECHSTER GLAUBENSARTIKEL
Aufgefahren in den Himmel,
er sitzt zur Rechten Gottes, des allmächtigen Vaters
Seite 66

SIEBTER GLAUBENSARTIKEl
Von dort wird er kommen, zu richten die Lebenden und die Toten
Seite 69

ACHTER GLAUBENSARTIKEL
Ich glaube an den Heiligen Geist
Seite 75

NEUNTER GLAUBENSARTIKEL
Die heilige katholische Kirche, Gemeinschaft der Heiligen
Seite 80

ZEHNTER GLAUBENSARTIKEL
Vergebung der Sünden
Seite 102

ELFTER GLAUBENSARTIKEL
Auferstehung der Toten (des Fleisches)
Seite 116

ZWÖLFTER GLAUBENSARTIKEL
Und das ewige Leben
... das Leben der kommenden Welt
Seite 120

ANHANG

„Selig, die nicht sehen und doch glauben"
Zur Problematik von Privatoffenbarungen
Seite 129

Gebet:
Erweckung der drei göttlichen Tugenden
Seite 136

Nachwort
Seite 137

Das Apostolische Glaubensbekenntnis (Apostólikum)

Ich glaube an Gott, den Vater, den Allmächtigen,
den Schöpfer des Himmels und der Erde,
und an Jesus Christus, seinen eingeborenen Sohn, unseren Herrn,
empfangen durch den Heiligen Geist,
geboren von der Jungfrau Maria
gelitten unter Pontius Pilatus,
gekreuzigt, gestorben und begraben,
hinabgestiegen in das Reich des Todes,
am dritten Tage wieder auferstanden von den Toten,
aufgefahren in den Himmel,
er sitzt zur Rechten Gottes, des allmächtigen Vaters;
von dort wird er kommen,
zu richten die Lebenden und die Toten.
Ich glaube an den Heiligen Geist,
die heilige katholische Kirche,
Gemeinschaft der Heiligen,
Vergebung der Sünden,
Auferstehung der Toten
und das ewige Leben. Amen.

Das Credo der heiligen Messe
Das nizäno-konstantinopolitánische Glaubensbekenntnis (Credo)

Wir glauben an den einen Gott, den Vater, den Allmächtigen,
der alles geschaffen hat, Himmel und Erde,
die sichtbare und die unsichtbare Welt.
Und den einen Herrn Jesus Christus,
Gottes eingeborenen Sohn, aus dem Vater geboren vor aller Zeit:
Gott von Gott, Licht vom Licht, wahrer Gott vom wahren Gott,
gezeugt nicht geschaffen, eines Wesens mit dem Vater,
durch ihn ist alles geschaffen.
Für uns Menschen und zu unserem Heil
Ist er vom Himmel gekommen, hat Fleisch angenommen
durch den Heiligen Geist von der Jungfrau Maria und ist Mensch geworden.
Er wurde für uns gekreuzigt
unter Pontius Pilatus, hat gelitten und ist begraben worden,
ist an dritten Tage auferstanden nach der Schrift
und aufgefahren in den Himmel.
Er sitzt zur Rechten des Vaters
und wird wiederkommen in Herrlichkeit,
zu richten die Lebenden und die Toten;
seiner Herrschaft wird kein Ende sein.
Wir glauben an den Heiligen Geist,
der Herr ist und lebendig macht,
der aus dem Vater und dem Sohn hervorgeht,
der mit dem Vater und dem Sohn
angebetet und verherrlicht wird,
der gesprochen hat durch die Propheten,
und die eine, heilige, katholische und apostolische Kirche.
Wir bekennen die eine Taufe
zur Vergebung der Sünden.
Wir erwarten die Auferstehung der Toten
und das Leben der kommenden Welt. Amen.

ICH GLAUBE

„Credo, Ich glaube", so beginnt das apostolische Glaubensbekenntnis (Apostolikum) und das Credo, das große Glaubensbekenntnis, der heiligen Messe. Das ist alles andere als die übliche Redewendung, wie wir sie im Gespräch oder bei Interviews manchmal gebrauchen, wenn wir uns nicht ganz sicher sind. Zum Beispiel: „Ich glaube, heute Nacht hat es geregnet" oder „Ich glaube, es hat geklopft." Mit dieser Redewendung ist nur eine Vermutung ausgesprochen.

Aber mit dem „Ich glaube" beim Credo ist die feste Gewissheit gemeint, dass das nun Folgende keinem Zweifel unterliegt.

Für das „Ich glaube" als Redewendung, zum Beispiel „ich glaube, dass diese oder jede Partei bei der Wahl die absolute Mehrheit erringt", wird niemand Kopf und Kragen riskieren. Wohl aber haben für das „Ich glaube" des Credo Menschen ihr Leben hingegeben: und auch heute noch sind Menschen bereit, ihre Freiheit, ihr Ansehen, ihre Existenz, ihr Leben zu riskieren.

Im früheren Katechismus hieß glauben, „alles für wahr halten, was Gott offenbart hat." Die feste, zweifelsfreie Zustimmung zu dem, was Gott geoffenbart hat, ist eine wesentliches Element des religiösen Glaubens. Zustimmung bedeutet, dass es beim Glauben nicht nur um einen intellektuellen Akt geht. Der Wille ist beim Glauben entscheidend mitbeteiligt, nicht nur der Verstand. Deswegen schreibt Paulus: „Wer mit dem Herzen glaubt, wird Heil erlangen" (Röm 10,10). Darum kann ich glauben, auch wenn ich es nicht einsehe. Weil ich mich beim Glauben nicht auf meine eigene Einsicht verlasse, sondern auf Gottes Wahrhaftigkeit und Gottes Treue.

Douglas Hyde (1860-1949), räumte als Kommunist in England die Schriftenstände in katholischen Kirchen aus. An Stelle der religiösen Büchlein und Zeitschriften legte er kommunistische Schriften aus. Eines Tages fiel ihm zufällig, bevor er eine katholische Zeitschrift in den Mülleimer entsorgte, ein Artikel über das Mittelalter auf. Als Redakteur der Kommunistenzeitung des Daily Worker interessierte er sich dafür. Nun holte er sich regelmäßig die Zeitschrift mit den Fortsetzungen dieses Artikels und kam so mit dem katholischen Glauben in Berührung. Mit seiner Frau beschloss er, katholisch zu werden, wenn es nicht mit der ersten Voraussetzung haperte, mit dem Glauben an Gott.

Eines Abends sagte er beim Essen zu seiner Frau: „Es ist jetzt fünf vor zehn, und wir glauben noch immer nicht an Gott als eine lebendige Tatsache. In fünf Minuten, um zehn Uhr lass uns anfangen. Lass uns so wirklich tun und denken, als ob es wirklich einen gäbe" (Douglas Hyde, Anders als ich glaubte, Herder TB Nr. 1 Seite 183).

Wir sprechen ja im profanen Bereich auch davon, dass wir jemandem Glauben schenken. Das heißt, dass wir aus freien Stücken, auch ohne persönliche Einsicht oder Beweise zu haben, glauben.

Im 11. Kapitel des Hebräerbriefes lesen wir: „Glaube ist Feststehen in dem, was man erhofft, Überzeugtsein von Dingen, die man nicht sieht. Aufgrund dieses Glaubens haben die Alten ein ruhmvolles Zeugnis erhalten. Aufgrund des Glaubens erkennen wir, dass die Welt durch Gottes Wort erschaffen wurde" (Verse 1-3). „Aufgrund des Glaubens gehorchte Abraham dem Ruf, wegzuziehen in ein Land, das er zum Erbe erhalten sollte, und zog weg, ohne zu wissen, wohin er kommen würde" (Hebr 11,8). Es lohnt sich, einmal das ganze 11. Kapitel des Hebräerbriefes zu lesen, in dem viele Beispiele solchen Glaubens aufgeführt werden.

In diesem biblischen Text spüren wir, dass Glauben nicht nur ein intellektuelles Fürwahrhalten bedeutet, sondern auch ein sich Verlassen auf Gott und Gottes Wort, eben weil Gott wahrhaftig und treu ist. In Offenbarung 3,14 steht: „Das sagt ER, der „Amen" heißt, der treue und wahrhaftige Zeuge, der Ursprung und Anfang der Schöpfung Gottes", nämlich Christus.

Der Grund meines Glaubens bin nicht ich, meine intellektuelle Fähigkeit, meine Einsicht. Der Grund meines Glaubens ist Gott! Einmal, weil wir nur deshalb Glaubenserkenntnis erlangen, weil Gott sich geoffenbart hat, mitgeteilt hat, was wir von uns aus nicht wissen und erforschen können. Zum anderen ist Gott Grund meines Glaubens, weil ich mich auf sein Wort verlassen kann, da ER wahrhaftig und getreu ist.

Im Hebräischen haben die Worte Glaube, Treue, Wahrhaftigkeit den selben Wortstamm wie das Amen. Das „Amen" am Schluss des Credo und das erste

Wort am Anfang: „Credo" = „Ich glaube" entsprechen einander. Glauben ist Amen-Sagen zu dem, was Gott uns Menschen geoffenbart hat, ist Ja-Sagen mit Verstand, Wille und Herz (vgl. Röm 10,9-12).

Anton Bruckner hat am Schluss des Credo der f-moll Messe das in genialer Weise ausgedrückt, indem er den Chor und die Solisten in nicht enden wollenden Wiederholungen singen lässt: Credo, Credo, Credo Amen, Amen; Amen!

Glauben im biblischen Vollsinn des Wortes ist alles andere als pure Theorie. Vgl. Hebr. 11. Kapitel. Es geht darum , dass ich den Glaubensinhalt, die Glaubenswahrheiten auf mich beziehe. Das hat Konsequenzen für mein Leben. Paulus hat das im 15. Kapitel des ersten Korintherbriefes drastisch formuliert. Im Hinblick auf den Auferstehungsglauben schreibt er: „Wenn es keine Auferstehung der Toten gibt, dann lasst uns essen und trinken, denn morgen sind wir tot" (1 Kor 15,32).

Am Beispiel vieler unserer Zeitgenossen erleben wir das ja. Essen und Trinken und Sex, Erlebnisurlaub ergeben noch keinen Lebenssinn. Darum suchen sie Vergessen in Drogen oder in der Arbeitswut. Andere leiden so sehr unter der Sinnlosigkeit ihres Lebens, dass sie bei Psychotherapeuten oder asiatischen Gurus Hilfe suchen. Echter Glaube vermittelt Lebensinhalt und Lebenssinn.

Religiöser Glaube bereichert innerlich. Nicht nur mein Wissen wird bereichert, mein ganzes Lebens bekommt eine neue Erfüllung, welche die irdischen Dinge nicht vermitteln können.

Es ist ein Unterschied, ob ich mich als Produkt einer zufälligen Entwicklung der Natur verstehe oder als vom Schöpfer gewollt und ins Dasein gerufen begreife. Andernfalls ist der Mensch wie für Jacques Monod (Nobelpreisträger für Medizin 1965) nur „ein Zigeuner am Rand des Universums, das taub für seine Musik und gleichgültig gegen seine Hoffnungen, Leiden und Verbrechen ist." Der Glaubende jedoch weiß sich geborgen gemäß dem Prophetenwort: „Ehe du im Mutterschoß wardst, kannte ich dich. Ich habe dich bei deinem Namen gerufen" (Jes 49,5).
Das hat Konsequenzen bis in den Bereich der Politik, in den Fragen der Abtreibung und pränatalen Diagnostik, auch der Homosexualität. Die Men-

schenwürde und Menschenrechte, hängen auch davon ab, ob ich den Menschen im Lichte des Glaubens und der Offenbarung sehe oder nicht. Es darf darum nicht heißen „muss ich das glauben", sondern „darf ich das glauben" im Sinne staunender Dankbarkeit dafür, dass Gott uns die Welt und den Menschen in einem neuen Licht zeigt, in seinem Licht. Dass er uns dadurch neue Horizonte eröffnet, wie sie der materialistische Atheismus nicht zu bieten hat.

Das Wort „Glaube ist zwar e i n sprachlicher Ausdruck, hat aber doppelte Bedeutung. Eine Art des Glaubens bezieht sich auf die Lehre und besagt die Zustimmung der Seele zu dieser oder jener Wahrheit.

Die zweite Art ist jener Glaube, der von Christus in der Reihe seiner Gnaden geschenkt wird. Dieser geschenkte Glaube aus dem Geist entspricht nicht allein der Lehre, sondern er wirkt auch Dinge, die über die Kraft des Menschen hinausgehen.
Glaube also an ihn mit dem Glauben, der von dir abhängt, damit du von ihm den Glauben erhältst, der über Menschenkraft hinaus wirksam ist.
Cyrill von Jerusalem (+386) (Lektionar zum Stundenbuch II/8 Seite 161/162)

Ergänzende Literatur
Katechismus der Katholischen Kirche Kompendium S.31-35
Ingeborg & Hans Obereder Das unglaubliche Glaubensbuch S. 12
Youcat Jugendkatechismus der Katholischen Kirche Nr 1 -29

ERSTER GLAUBENSARTIKEL

ICH GLAUBE AN GOTT, DEN VATER, DEN ALLMÄCHTIGEN, DEN SCHÖPFER HIMMELS UND DER ERDE

1. Kapitel: Ich glaube an Gott

Für manche Leute ist „Gott" so ein Allerweltswort. Zum Beispiel: „Ach du lieber Gott!" oder „o Gott, o Gott!" Es sind Ausrufe bei unliebsamen Überraschungen oder der Bekümmernis.

Im Credo der heiligen Messe beziehungsweise im apostolischen Glaubensbekenntnis (Apostólikum) ist GOTT alles andere als ein Allerweltswort oder eine Floskel, sondern zentraler Inhalt, auf dem das ganze Bekenntnis beruht.

Was stellen sich die Menschen nicht alles vor, wenn sie „Gott" sagen; auch dort wo sie es nicht als Allerweltswort gebrauchen, ist die Vorstellung nicht selten ein Zerrbild der Wirklichkeit Gottes. Was wir im Credo mit dem Namen „Gott" bekennen, hat nichts zu tun mit der abscheulichen Vorstellung von einem tyrannischen Willkürgott. Auch die lächerliche Meinung, wonach Gott ähnlich einer Marionette, so zu reagieren hat wie der Mensch es will, trifft auf den wahren Gott nicht zu.

Der Gott, der zur Befriedigung menschlicher Bedürfnisse herhalten muss oder nach dem man wie nach einer Notbremse greifen kann, wenn man ihn gerade braucht, aber sonst so überflüssig wie ein Kropf ist, der Gott, der nichts anderes ist als der Hampelmann der Menschen, dieses armselige Produkt menschlicher Phantasie war längst tot, ehe ihn Friedrich Nietzsche für tot erklärte. Denn er hat nie existiert außer in beschränkten Hirnen und selbstsüchtigen Wunschvorstellungen primitiver Menschen. Mancher Atheist hat dieser Gottesvor stellung bei sich den Hals umgedreht, ohne zu merken, dass er nur einem menschlichen Hirngespinst den Garaus machte, jedoch noch lange nicht dem „allein wahren Gott" (Joh 17,3).

Es gibt eben nichts, was der Mensch nicht missbrauchen und verunstalten könnte. Auch der Gottesglaube ist davon nicht ausgenommen. Schon der Dichter des Psalms 135 hat sich lustig gemacht über die Götterbilder der

Heiden: „Sie sind nur Silber und Gold, ein Machwerk von Menschenhand. Sie haben einen Mund und reden nicht, sie haben Augen und sehen nicht, sie haben Ohren und hören nicht" (Ps 135, 16f).

Wir brauchen gar nicht auf die Heiden herabzublicken. Was haben wir Christen aus der biblischen Bezeichnung von Gott als dem „Alten der Tage" (Dan 7,9) gemacht? Beim Propheten Daniel (7,9) ist mit diesem bildhaften Ausdruck gemeint, dass Gott von Ewigkeit her war, "der die Generationen rief von Anbegin. Der Erste und der bei den Letzten noch derselbe ist" (Jes 41,4) und nicht vergeht. Diesen „Alten der Tage", der alle überdauert, haben wir in unseren primitiven Vorstellungen zum „Opa" gemacht.

Den, „der sich der Wolken als Wagen bedient und auf den Flügeln des Sturmes daher fährt" (Ps 104,3), „der auf dem Thron sitzt ... und in alle Ewigkeit lebt"(Offb 4,10), (das sind irdische Sinnbilder für die weltüberlegene Majestät Gottes), ihn haben wir in unserer billigen Phantasie zum Greis gemacht, der auf einer Wolkenbank seine wohlverdiente Ruhe hält. Brauchen wir uns da zu wundern, wenn Ludwig Feuerbach das Wort der Bibel „Gott schuf den Menschen nach seinem Bilde" (Gen 1,37) spöttisch umdrehte in: „Der Mensch schuf Gott nach seinem (des Menschen) Bilde."

In seinem Buch „Der Gotteswahn" bekämpft einer der weltweit erfolgreichsten Autoren und atheistischen Meinungsmacher Richard Dawkins den Glauben an Gott als eine Wahnvorstellung. Vielleicht gilt auch von manchem Christen, der Mensch schuf sich seine Gottesvorstellung nach seinem abergläubischen Wahn und Wunschbild.

Doch auch von solchen Wunschbildern gilt das erste Gebot: „Du sollst dir kein Abbild machen" (Ex 20,4). In der Septuaginta (LXX), der griechischen Übersetzung des Alten Testaments, steht dafür das Wort eidolon = Idol = Götzenbild. Ein solches falsches Gottesbild muss zertrümmert werden, wie das goldene Kalb, das die Israeliten umtanzten und das Moses im grimmigen Zorn zerschlug (vgl. Ex 32, 19-35).

Unter Umständen lässt Gott unsere allzumenschlichen Gottesvorstellungen unter den sogenannten Schicksalsschlägen zermalmen und zermahlen bis nichts mehr davon übrig bleibt. So wie damals Moses die Bruchstücke des goldenen Stiers zu Staub zerreiben ließ (vgl. Ex 32. Wir Menschen aber hadern dann mit Gott, weil er nicht so ist, wie wir ihn uns vorgestellt oder gewünscht haben.

Wenn es im Glaubensbekenntnis heißt: „Ich glaube an Gott", dann gilt dieser Glaube nie und nimmer einem solchen Wunsch- und Wahnbild. Aber was für eine Wirklichkeit ist gemeint, nachdem unsere primitiven Vorstellungen von Gott sterben mussten? Thomas von Aquin sagt dazu: „Was Gott wirklich ist, bleibt uns allzeit verborgen. Und dies ist das Höchste, was wir in diesem Leben von Gott wissen können: zu wissen, dass ER jeden Gedanken übersteigt, den wir über IHN zu denken vermögen" (zitiert bei F. Holböck, Credimus S. 58).

Wenn Gott jeden Gedanken übersteigt, den wir denken können, hat es dann noch Sinn, einen Gedanken an IHN zu verschwenden? Kann man dann überhaupt noch von IHM reden? Muss man dann nicht wie Hiob sagen: „Ich halte meinen Mund" (40,4)?

Ja, wenn Gott sich uns nicht kundgetan hätte durch die Schöpfung, in seinen Wundertaten in der Geschichte seines Volkes Israel. Wenn ER nicht „zu uns gesprochen hätte viele Male und auf vielerlei Weise durch die Propheten und zuletzt durch seinen Sohn" (Hebr 1,1f), dann müssten wir tatsächlich schwei- gen, denn wir wüssten nichts von IHM: So aber hat ER sich uns kundgetan, sich offenbart auf uns Menschen verständliche Weise. Darum können wir über IHN nachdenken, über IHN sprechen, auch wenn wir wissen, dass all unsere Begriffe IHN nicht einfangen können, dass ER, wie Anselm von Canterbury es ausdrückte: „Deus semper major", Gott, der immer Größere ist.

Auch wenn wir wissen, dass Gott all unser Denken, Begreifen und Reden übersteigt, so geben unsere menschlichen Begriffe und Worte bei aller Unzulänglichkeit doch etwas Zutreffendes wieder von seiner unfassbaren Wirklichkeit. Darum können wir wenigstens vergleichsweise von IHM reden. Darum redet die Heilige Schrift von Gott so viel in Bildern und Gleichnissen.

Darum bekennen wir Gott, wohlwissend, dass seine unergründliche Tiefe die subtilsten Begriffe der Philosophen nicht ausloten können. Darum bekennen wir Gott, auch wenn seine Wirklichkeit unsere kühnsten Vorstellungen übersteigt.

Und so reden die Dichter und Denker zu allen Zeiten von IHM, obwohl sie ahnen, dass alle ihre Worte nur ein Stammeln sind. Darum widmen die Musiker ihre Tondichtungen IHM, auch wenn sie spüren, dass die himmlischsten Töne dieser Welt, verglichen mit seiner Herrlichkeit, sich ausmachen wie das Zirpen der Grillen zu einer Symphonie.

Wir bekennen GOTT, von dem die Mystiker hingerissen und die Heiligen fasziniert waren. Wir bekennen mit dem Credo: Ich glaube an den Gott, dessen Großtaten die Heilige Schrift von der ersten bis zur letzten Seite bezeugt. von dem sie in Bildern und Gleichnissen spricht, und den sie in Psalmen und Hymnen besingt.

Ich glaube an GOTT, der „Welten ins Dasein rief" (Hebr 1,2).
Ich glaube an GOTT, der „das Wasser des Meeres mit der hohlen Hand gemessen hat (Jes 40,12).
Ich glaube an GOTT, „vor dem tausend Jahre sind wie ein Tag und ein Tag wie tausend Jahre" (2 Petr. 3,8).
Ich glaube an GOTT, „vor dem die Völker sind wie Tropfen am Eimer" (Jes 40,15).
Ich glaube an GOTT, der den Abraham gerufen hat, auszuziehen in ein Land, das ER ihm zeigen werde (Gen 12,1).
Ich glaube an GOTT, der dem Moses am Sinai im brennenden Dornbusch sich geoffenbart hat als „Ich bin, der ich bin" (Ex 3,14).
Ich glaube an GOTT, der von sich sagte: „selbst wenn eine Mutter ihr Kind vergessen könnte, ICH vergesse dich nicht" (Jes 49,15).
Ich glaube an GOTT, von dem Hiob bekannte: „Selbst wenn ER mich tötet, ich werde auf IHN hoffen!" (Hiob 13,15 Vulgata = lateinische Bibelübersetzung)

Ergänzende Literatur
Katechismus der Katholischen Kirche Kompendium Nr. 39-43
Youcat Jungendkatechismus der Katholischen Kirche Nr. 6

Was bedeutet es für den Menschen, an Gott zu glauben?
„Es bedeutet, sich an Gott selbst zu binden, sich ihm anzuvertrauen und allen von ihm geoffenbarten Wahrheiten zuzustimmen, denn Gott ist die Wahrheit".
Welche Merkmale hat der Gaube?
„Der Glaube ist ein ungeschuldetes Geschenk Gottes, ist allen zugänglich, die demütig darum bitten. Er ist die übernatürliche Tugend, die notwendig ist, um zum Heil zu gelangen. Der Glaubensakt ist ein menschlicher Akt, das heißt ein Akt des menschlichen Verstandes, der auf Geheiß des von Gott bewegten Willens der göttlichen Wahrheit freiwillig zustimmt."
(Katechismus der Katholischen Kirche Kompendium S. 32)
„Glaube ist kein Meinungssystem, sondern Begegnung mit Gott"
(Benedikt XVI. bei der Mittwochsaudienz am 14. November 2012).

Ergänzende Literatur
Katechismus der Katholischen Kirche Nr. 25-32
Youcat Jugendkatechismus der Katholischen Kirche Nr. 12
Ingeborg & Horst Obereder Das unglaubliche Glaubensbuch S 25

2. KAPITEL

„WIR GLAUBEN AN DEN EINEN GOTT"

Während wir beim apostolischen Glaubensbekenntnis (Apostólikum) beten „ich Glaube an Gott", beginnt, das Credo der heiligen Messe, das nizänokonstantinopolitánische Glaubensbekenntnis, mit den Worten „Ich glaube an den einen Gott." In der neuen Fassung, die das gemeinsame Beten bei der Feier der heiligen Messe voraussetzt, heißt es „Wir glauben an den einen Gott."
Damit wird betont, dass wir nicht an irgendeinen Gott glauben, sondern, an einen ganz bestimmten, den einzigen Gott, den es überhaupt gibt. Beim Propheten Jeremias (16,19) werden die Götter der Heiden „Nichtse" genannt. In manchen alten Glaubensbekenntnissen heißt es darum: „Ich glaube an den allein wahren Gott", beziehungsweise „an den einzig wahren Gott."

Mit diesem Bekenntnis zum einen und einzigen Gott stellt sich die Kirche in eine Reihe mit dem alttestamentlichen Israel. „Höre Israel! Der Herr, unser Gott, ist der einzige Gott" (Dt 6,4). So beten heute noch gläubige Juden zweimal am Tag das Sch´ma Israel.

Auch die Moslems bekennen im Koran: „Sprich, er ist der eine Gott, der ewige Gott". Allerdings heißt es dort in offensichtlichem Gegensatz zum christlichen Gottesglauben:„Er zeugt nicht und wird nicht gezeugt, und keiner ist ihm gleich" (Sure 112).

Das spezifisch christliche am Eingottglauben, im Unterschied zu den Juden und Moslems, ist die Lehre von der allerheiligsten Dreieinigkeit, dass dieser eine und einzige Gott in sich dreifaltig ist, der sich in der Heilsgeschichte als der Dreifaltige geoffenbart hat: als Vater, Sohn und Heiliger Geist.

Die innerste „Struktur" dieses einen Gottes ist „keine tote Selbigkeit" (Karl Rahner), sondern ER existiert in sich anfanglos von Ewigkeit her als der Vater und der Sohn und der Heilige Geist. Es gehört zu den Geheimnissen unseres Glaubens, dass wir nicht begreifen können, wie Gott dreipersönlich ist. Das heißt, dass die eine Gottheit als der Dreieine beziehungsweise als der Dreifaltige existiert. Je nachdem wir unter dem Gesichtspunkt des einen göttlichen Wesens Gott betrachten, sprechen wir von der Dreieinigkeit. Unter dem Gesichtspunkt der Personen gesehen, sprechen wir von Dreifaltigkeit.

Wer mit der Kirche den Glauben an den einen Gott bekennt, steht in der großen Gemeinschaft der Glaubenden von Anfang an. Abraham, der Vater aller Glaubenden, ist auch geistig unser Vater geworden (siehe Römerbrief 4,16). Abraham hat, als er auf Geheiß Gottes hin auszog, nicht nur Heimat und Sippe verlassen, sondern auch die Götter seiner Heimat und seiner Sippe. Vgl. Josua 24, 2 f, 13 f. Dadurch ist er zum Segen für seine Nachkommen, für das Volk Israel, ja zum Segen für alle Völker geworden. Vgl. Gen 12,1-3.

Der Glaube an den einen wahren Gott ist das segensvolle Erbe, das Israel von Abraham bekommen hat und das es durch alle Turbulenzen seiner Geschichte bewahrte. Von Israel hat auch die Kirche den Glauben Abrahams an den einen wahren Gott geerbt. Paulus schreibt in Gal 3,29: „Wenn ihr zu Christus gehört, dann seid ihr Abrahams Nachkommen, Erben kraft der Verheißung."
Der Glaube an die Einzigkeit Gottes ist die Grundlage unserer Freiheit. Die Verkündigung dieses Glaubens an den einen wahren Gott bedeutet Freiheit

von den Göttern, Freiheit von Götterangst und Dämonenfurcht (vgl. Gal 4,3; Jes 44,6-8). Die Götter der Heiden sind nur „Nichtse", das hämmern die Propheten immer wieder ein (vgl. Jes 46, 5-9; Jer 10, 3 f, 5-10.14-15). Und Paulus kann den Thessalonichern bestätigen: „Ihr habt euch von den Götzen zu Gott bekehrt, um dem lebendigen und wahren Gott zu dienen" (1 Thes 1,9).

Die Einzigkeit Gottes ist Grundlage der Freiheit des Menschen, weil alles andere in der Welt, „jede Macht und Gewalt" (Eph 1,19) samt deren Ansprüchen relativiert wird, ja nichtig ist vor Gottes Anspruch. Jesaja (40,12-26) schildert anschaulich die Erhabenheit Gottes über die Götzen der Heiden. Und als Pontius Pilatus gegenüber Jesus auftrumpft: „Weißt du nicht, dass ich Macht über dich habe", entgegnet Christus souverän: „Du hättest keine Macht, wenn sie dir nicht von oben gegeben wäre" (Joh 19,10 f).

Weil Gott, wie ihn das Credo bekennt, der einzig wahre Gott ist, brauchen wir Menschen uns vor nichts zu fürchten. Das bezeugen die Märtyrer, angefangen von den sieben Makkabäischen Brüdern mit ihrem freimütigen Bekenntnis vor König Antíochus (2 Makk 7) und später die christlichen Märtyrer gegenüber den Statthaltern der römischen Weltmacht. Von Justin (* um 100), dem ersten christlichen Philosophen und seinen Gefährten, ist das Gerichtsprotokoll vor dem römischen Stadtpräfekten Rusticus erhalten, das uns vom mannhaften Mut der Glaubenszeugen Kenntnis gibt. Ähnliche echte Gerichtsprotokolle sind uns aus anderen Provinzen des Imperium Romanum erhalten (vgl. Klaus Gamber, Zeugen des Herrn). Zur Zeit der Verfolgungen von Christen in der ehemaligen Sowjetunion sind ebensolche Prozessberichte im Samisdat (mit Schreibmaschine geschriebene illegale Veröffentlichungen aus dem Untergrund) bekannt geworden. Beim Lesen solcher Zeugnisse ist man an das Wort Jesu erinnert: „Wenn man euch vor die Gerichte der Synagogen, der Herrscher und Machthaber schleppt, macht euch keine Sorgen, wie ihr euch verteidigen und was ihr antworten sollt. Der Heilige Geist wird euch in der gleichen Stunde eingeben, was ihr sagen müsst" (Lk 11,12 f).

Die Einzigkeit Gottes ist die Grundlage unserer politischen und persönlichen Freiheit. Es ist für unsere „nachchristliche" Gesellschaft typisch, dass nicht selten das Zitat zu hören ist: „Tue recht und scheue niemand", aber der zweite Teil dieses Zitates nicht mehr gesagt oder nicht mehr gewusst wird: „Fürchte Gott und sonst nichts in der Welt!" Dabei ist doch der zweite Teil die entscheidende Voraussetzung des ersten Teils, dass man niemanden zu scheuen braucht. In dem Maße wie der Glaube an den einen Gott schwindet, schwindet auch die Furchtlosigkeit vor den Menschen, tritt anstelle der Gottesfurcht die Menschenfurcht.

Wo die Gottesfurcht fehlt, wird das Recht manipulierbar je nach Mehrheits- und Machtverhältnissen. Das belegen die Gesetzesänderungen in den meisten Staaten der westlichen Zivilisation zu ungunsten des Rechtes auf Leben von der Empfängnis bis zum Tod, in der Abtreibungsfrage, in der Forschung an den Stammzellen, der Invitrosemination, der vorgeburtlichen Diagnostik, der Beihilfe zum Suizid und der Untergrabung des Schutzes von Ehe und Familie.

In Großbritannien wurden in den vergangenen zwei Jahrzehnten 1,7 Millionen menschliche Embryonen vernichtet, ja seit 2008 ist dort sogar die Fusion von tierischen und menschlichen Keimzellen gestattet, um Tier-Mensch-Mischwe- sen für Forschungszwecke zu erzeugen. (Die Tagespost 3.Januar 2013 S. 1) Trifft da nicht das Urteil wie beim Turmbau von Babel zu: „Das ist erst der Anfang ihres Tuns. Jetzt wird ihnen nichts unerreichbar sein, was sie sich auch vornehmen" (Gen 11,6)? Der Glaube an die Einzigkeit Gottes ist das Fundament unserer inneren Freiheit und Unabhängigkeit von den Tonangebenden in der Politik und Wirtschaft, den Meinungsmachern in den Medien. Das erste Gebot, wonach der Mensch „keine anderen Götter haben" darf als nur den einen wahren Gott, und ihnen nicht unterwürfig und hörig sein darf (Ex 20.2-5), ist auch Garantie unserer seelischen Freiheit. Wo der Gottesglaube fehlt, nehmen moderne Götter seine Stelle ein, werden Karriere, Macht, Besitz, Wissenschaft, Technik, Genuss, das eigne Ich und sein Wohlleben vergöttert, geht auch die Menschenwürde vor die Hunde.

Wer glauben darf an den einen und einzigen Gott, braucht keine Minderwertigkeitskomplexe zu haben, der ist nie in der Minderheit, selbst wenn er wie Elia als einziger dastünde gegenüber 450 Baalspriestern (vgl 1 Kg Kapitel. 18). Wer an den einen Gott glaubt, was braucht der sich noch vor sterblichen Menschen zu fürchten, vor „Menschenkindern, die wie das Gras verwelken" (Jes 51,12)? Gilt dem nicht auch die Zusage: „Fürchte dich nicht, du Wurm Jakob, fürchte dich nicht du Würmchen Israel! Ich stehe dir bei" (Jes 41,14)!

3. KAPITEL:

„ICH GLAUBE AN GOTT, DEN VATER, DEN ALLMÄCHTIGEN"

Wenn es in der neuen Übersetzung nicht mehr heißt „ den allmächtigen Vater", dann deshalb, weil berücksichtigt wird, dass im griechischen Text der frühen Glaubensbekenntnisse (Symbola) an dieser Stelle das Wort „Pantokrator" (=Allherrscher) steht. Die Lateiner haben das dann mit dem Eigenschaftswort „omnípotens"= allmächtig, übersetzt, allerdings wurde es schon auf Jupiter als Dingwort mit „der Allmächtige" angewandt. Gott ist nicht bloß neben vielen anderen ihn auszeichnenden Eigenschaften auch allmächtig, sondern ER ist der Allmächtige, der Allherrscher über Himmel und Erde. Das ist eine Hoheitsaussage, ein Hoheitstitel, der zugleich sein Wesen bezeichnet.

In der Offenbarung des Johannes hören wir den Lobpreis der vier himmlischen Wesen: „Heilig, heilig, heilig ist der Herr, Gott, der Pantokrator = der Allmächtige (Offb 4,8). Nach dem Alten Testament ist Gott nicht nur der Gott Israels, so wie die Heiden ihre Nationalgötter haben. Sondern der Gott, der sich den Patriarchen offenbart hat und den Israel anbetet, ist der „Herr der ganzen Erde". Psalm 96 beginnt mit dem Aufruf: „Singt dem Herrn alle Länder der Erde ... alle Götter der Heiden sind nichtig" (Ps 96, 1+5). Und Psalm 93 bekennt: „ Gott ist König, bekleidet mit Hoheit, gegürtet mit Macht ... allgewaltig in der Höhe"(Ps 93,1+4). Der Prophet Jesaja prophezeit den künftigen Einfall der Truppen und Armeen der damaligen Großmächte in das Land Israel mit den Worten: „Er pfeift von den äußersten Nilarmen die Fliegen herbei und aus dem Land Assur die Bienen" (Jes 7,18). Und Psalm 2,4 verhöhnt die Großen und Mächtigen der Erde, die den Aufstand gegen Gott proben: „der im Himmel thront, der lacht, es spottet ihrer der Herr." All diese biblischen Aussagen schwingen mit, wenn wir bekennen: „Ich glaube an Gott, den Allmächtigen", den Pantokrátor, den Allherrscher.

Von diesem El Schaddái, dem Allgewaltigen, wie an vielen Stellen der Hebräischen Bibel Gott genannt wird, bekennen wir im Glaubensbekenntnis, dass er „Vater" ist. Wir mögen das heute als Widerspruch empfinden. Nicht so die Menschen zu der Zeit, da die Bibel entstand. Damals wuchsen die

Menschen nicht in einer „vaterlosen Gesellschaft" auf. Im Alten und Neuen Testament ist der Vatername ein Autoritätsbegriff. Aber indem die Bibel den Vaternamen auf den Allgewaltigen anwendet, zeigt sie, dass es sich bei Gott nicht um die kalte, nackte, brutale Autorität eines Despoten handelt, sondern der „Erhabene" ist der uns Menschen „Nahe und Vertraute" (Theologisches Wörterbuch zum NT V S 987,12). In Gott sind gebietende Macht und väterliche Fürsorge geeint. Und umgekehrt ist Gottes Väterlichkeit keine schwächliche Nachgiebigkeit, sondern mit Stärke und Autorität erfüllt, bei ihm ist Liebe mit wirksamer Zucht geeint.

In der Bibel ist Gott zugleich Vater und Herr, ja Herrscher. Sein Wille bestimmt selbst den Weg und das Verhalten des eingeborenen Sohnes. „Ich bin nicht vom Himmel herabgekommnen, um meinen Willen zu tun, sondern den Willen dessen, der mich gesandt hat" (Jo 6,38).

Gott-Vater und Gott-König, das ist in der Verkündigung Jesu kein Gegensatz. Darum heißt es im Vaterunser: „Dein Reich komme, dein Wille geschehe wie im Himmel so auf Erden" (Mt 6,10).

Der Vater ist auch der Richter. Im Gleichnis vom unbarmherzigen Knecht, den der König richtet, weil er seinem Mitknecht nicht die Schuld erlassen hatte, zieht Jesus die Konsequenz: „So wird auch mein himmlischer Vater jeden von euch behandeln, der seinem Bruder nicht von Herzen verzeiht" (Mt 18,35). Weil Gott nicht nur Richter, sondern immer zugleich auch der Vater ist, darum sorgt ER sich um die Bekehrung der abtrünnigen Söhne. Vgl. Jer 3,14.18.22. Und im Gleichnis vom verlorenen Sohn veranstaltet der Vater bei dessen Rückkehr sogar ein Festmahl.

Der Vater-Gott, den die heilige Schrift verkündet, ist nicht der „Allvater" heidnischer Religionen oder derer, die an „so etwas wie eine höhere Macht muss es ja geben" glauben. Sondern der, der sich in Jesus Christus als der Vater kundgetan hat. „Wer mich gesehen hat, hat den Vater gesehen" (Jo 14,9).

Kann man in einer „vaterlosen Gesellschaft" überhaupt noch diesen Glauben an den Vater-Gott vermitteln? Nach einem Bericht der „Deutschen Tagespost" (8.08.1961) wurde bereits 1961 in einer pädagogischen Hochschule eine Rede gehalten zum Thema „Pater famílias – Der Verfall des Vaterbildes". Darin wurde die These aufgestellt, dass am Ende der vaterlosen Gesellschaft nur die Tyrannei oder die Anarchie auf uns warte. Schöne Aussichten! Kostproben haben wir ja in den letzten Jahrzehnten schon bekommen. Neben dem Terror der Roten-Armee-Fraktion ist als eine Folge der antiautoritären Ideologie der 68er eine zunehmende Verwahrlosung und Brutalisierung der Jugendlichen auf uns gekommen. Weil Eltern und Erzieher infolge der Diffamierung jeglicher Autorität sich nicht mehr getrauen, diese in rechter und notwendiger Weise auszuüben.

Gerade für eine Gesellschaft, welche die naturgegebene Autorität der Väter abgeschafft hat und in der die Väter erziehungsmüde geworden sind, brauchen wir die Botschaft vom Vater-Gott, „von dem alle Vaterschaft auf Erden ihren Namen hat" (Eph 3,15).

Das hat Konsequenzen auch bis in den kirchlichen Bereich. Wo Bischöfe und Priester nicht mehr wagen, Repräsentanten des „Vaters im Himmel" zu sein, geraten sie in die Rolle von Top-Managern und Funktionären oder, wenn es gut kommt, von Moderatoren.

„In der Vaterschaft Gottes liegt das höchste Prinzip der menschlichen Brüderlichkeit" (Paul VI.). Nur wenn wir glauben, dass Gott unser himmlischer Vater ist, dann sind wir Brüder und Schwestern. Wenn wir das aus dem Auge verlieren, sind wir nur noch Genossen oder „Kirchenbürgerinnen und Kirchenbürger". So der jüngste Vorschlag der österreichischen „Pfarrerinitiative". Dann hat über kurz oder lang auch die Mitmenschlichkeit abgewirtschaftet.

Auf dem Glauben an den Vater-Gott beruht unsere Würde „Kinder Gottes" (1 Jo 3,1) zu sein. Der Apostel Paulus kombiniert im zweiten Brief an die Korinther aus dem Alten Testament die verheißungsvollen Stellen (2 Sam 7,14; Jer 31,9; Jes 43,6; Am 3,13 G): „Ich werde euch Vater sein, und ihr sollt meine Söhne und Töchter sein, so spricht der Herr, der Pantokrátor = der Allmächtige" (2 Kor 4,17f).

Ergänzende Literatur
Katechismus der Katholischen Kirche Kompendium Frage 36-49
Youca Jugendkatechismus der Katholischen Kirche Nr 36-40
Ingeborg & Hans Obereder Das unglaubliche Glaubensbuch S. 25-28

4. KAPITEL

ICH GLAUBE AN GOTT DEN SCHÖPFER

„Im Anfang schuf Gott Himmel und Erde", mit diesen Worten beginnt die Bibel. Und im letzten Buch der Bibel, der Offenbarung des Johannes, heißt es in einem der Hymnen: Gott, „du bist es, der die Welt erschaffen hat, und durch deinen Willen war sie und wurde sie erschaffen" (Offb 4,11). Das gehört von Anfang an zur Glaubensverkündigung der Kirche, was Paulus und Barnabas auf ihrer Missionsreise in Ikonium ausrufen: „Wir verkünden euch, dass ihr euch von diesen nichtigen Götzen zum lebendigen Gott bekehren sollt, der den Himmel, die Erde, das Meer und alles, was darin ist, erschaffen hat" (Apg 14,15).

Für die Menschen damals war der Glaube an Gott den Schöpfer kein Problem, sondern selbstverständlich. Erst in der Neuzeit, vor allem im 19. Jahrhundert kam es mit dem Siegeszug der Naturwissenschaften zu Problemen bezüglich des Schöpfungsglaubens. Die Probleme rührten daher, dass man zunächst nicht erkannte, dass die biblischen Schriftsteller den Glauben an Gott den Schöpfer verkündeten in den Naturvorstellungen und Naturerkenntnissen ihrer Zeit, so wie wir heute ja auch versuchen, den Schöpferglauben mit unseren heutigen naturwissenschaftlichen Erkenntnissen verständlich zu machen. Wobei wir uns hüten müssen zu meinen, der neueste Stand der Wissenschaft sei auch schon der endgültige und letzte, sozusagen der Gipfel der Weisheit.

Die Weltbilder wechseln im Laufe der Geschichte. Die Erkenntnisse der Naturwissenschaften, vor allem ihre Theorien über das „Wie" der Weltentstehung und ihre Entwicklung ändern sich und überholen sich in ständiger Folge. So konnte man schon 2004 die Meldung lesen, wonach neueste Bilder aus dem Weltall die Urknall-Hypothese widerlegen. Dass es noch nicht allgemeine Erkenntnis ist, liegt daran, dass die wissenschaftlichen Gesellschaften sich weigern, den Irrtum zuzugeben, da der Urknall an allen Universitäten gelehrt wird. Die „Urknall"-Hypothese ist ein Tabu, an dem nicht gerüttelt werden darf, weil man damit meint, ohne den Schöpfer des Universums auskommen zu können.

Mögen die Hypothesen und Theorien über die Entstehung der Welt sich auch ändern, was bleibt, ist die biblische Botschaft, dass Gott die Welt erschaffen hat, ob mit oder ohne Urknall. Im Biologieunterricht wurde uns im dritten Reich gelehrt, dass die Ontogenese des Menschen die Phylogenese wiederhole. Der Mensch mache in seiner embryonalen Entwicklung im Mutterschoß noch einmal alle Stadien durch, die die Menschheit in ihrer Stammesentwicklung vom Tierreich zum Menschen durchlaufen habe. Dieser Hauptpfeiler der Abstammungstheorie, wonach der Mensch nach Ernst Haeckel aus dem Tierreich entstanden sei, das sogenannte „Biogenetische Grundgesetz", ein naturwissenschaftliches Dogma des 19. Jahrhunderts, ist in unseren Tagen zusammengebrochen. Neuere naturwissenschaftliche Erkenntnisse zeigen, dass die Entwicklungstheorien des 19. Jahrhunderts, mit denen man meinte Gott, den Weltschöpfer, überflüssig machen zu können, so nicht stimmen können.

Zum Beispiel: „Das hochentwickelte und unsagbar fein ausgewogene Zusammenspiel drei so verschiedenartiger Organe (wie Mund, Kehlkopf, Gehirn) beim Hervorbringen der artikulierten Sprache und sein Werden" sind unmög- lich als Ergebnis zufälliger Erbänderungen und der Anpassung und Auslese zu erklären (vgl. Georg Siegmund, Die Frage nach der Herkunft des Menschen „Theologisches", Juli 1978. Spalte 2818-2823). Nur „ein ganzheitlicher Wandlungsprozess, der durch lange Zeit auf ein bestimmtes Ziel hingerichtet war, hatte zum menschlichen Sprechen führen können. Was e i n „Zufall" hätte zusammenwürfeln können, hätte der nächste „Zufall" wieder auseinander gewürfelt" (Georg Siegmund). Einstein hat es so formuliert: „Gott würfelt nicht."

Das menschliche Auge ist auch einer der „Stolpersteine" des Darwinismus. Ehrlicherweise hat das Darwin im Alter selbst zugegeben, dass ein derart komplex gebautes Organ nie und nimmer Ergebnis einer planlosen Zufallsentwicklung sein könne. Einem Freund und Fachkollegen schrieb er: „Wo immer er ein Auge erblicke, ja selbst wenn er nur daran denke, überfiele ihn geradezu ein Fieber wegen dieses Versagens seiner Evolutionstheorie" (Wolfgang Kuhn, Schöpfung - oder alles Zufall? Seite 53).

Die moderne atheistische Weltanschauung, wonach alles durch Selbstorganisation der Materie entstanden und das Leben letztlich aus der Materie hervorgegangen sei, dass durch Zufall und Selektion die gesamte belebte Natur sich aus niederen Formen entwickelt habe bis hin zum Menschen, der auch nichts anderes sei als ein „nackter Affe", ist der eitle Versuch, ohne den Schöpfergott auszukommen. Sir Arthur Keith, im Großen Brockhaus als Anatom und Anthropologe aufgeführt, hat das in bewundernswerter Offenheit zugegeben: „Die Evolution ist unbewiesen und unbeweisbar. Wir glauben bloß deswegen an sie, weil wir sonst an eine Schöpfung glauben müssten – und eine solche ist undenkbar" (zitiert bei Wolfgang Kuhn, Schöpfung – oder Zufall? S. 13).

Mit feiner Ironie hat es einmal Max Thürkauf, ehemals Professor für physikalische Chemie an der Universität Basel, so formuliert: „Dem von der Sinnlosigkeit gejagten Zweckdenken der Materialisten bleibt nur der Zufall als Erklärung für eine Welt, die durch Selbstorganisation der Materie das Zufalls- produkt Mensch hervorgebracht hat, der mit dem Zufallsprodukt Gehirn das Zufallsprodukt Geist erzeugt, welcher durch diese Kausalitätsreihe der Zufälle zufällig in der Lage ist, zu erkennen, dass er ein Zufallsprodukt ist" (Max Thürkauf, Christuswärts – Glaubenshilfe gegen den naturwissenschaftlichen Atheismus S.97/98). Wenn die Entwicklung der Welt eine rein zufällige gewesen wäre, dürfte es den Menschen gar nicht geben. Nach den Gesetzen des Zufalls dürfte es überhaupt keine Lebewesen auf der Erde geben.

So wie die Natur sich dem forschenden Menschengeist darbietet, zeigt sie sich als ein Nichtzufälliges, als ein Geplantes. Die Griechen nannten es „Kosmos" (Ordnung, Schmuck). Einstein hat einmal gesagt, dass in der Naturgesetzlichkeit „sich eine so überlegene Vernunft offenbart, dass alles Sinnvolle menschlichen Denkens und Anordnens dagegen ein gänzlich nichtiger Abglanz ist" (zitiert bei J. Ratzinger, Einführung ins Christentum S.116).

Im Sein der Dinge begegnen wir objektiviertem Geist. Die Dinge haben eine gedankliche Struktur, „die wir Nach-denken können, weil sie Ausdruck eines schöpferischen Vor-denkens" (Ratzinger) sind, durch die sie geworden sind. Was Paulus vor bald zweitausend Jahren schreibt: „Seit Erschaffung der Welt wird Gottes unsichtbare Wirklichkeit an den Werken der Schöpfung mit der Vernunft wahrgenommen" (Röm 1, 20), erfährt gerade auf dem Hintergrund heutiger naturwissenschaftlicher Erkenntnisse neu seine Bestätigung. Wer die Wunder der Natur befriedigend erklären will, kommt um die Annahme eines Schöpfer-Geistes nicht herum. Nur „der Tor spricht in seinem Herzen; es gibt keinen Gott" (Psalm 14,1).

Wenn wir bekennen, „ich glaube an Gott, den Schöpfer", so glauben wir, dass der „Antizufall" nicht ein unpersönliches „Es" ist, dass die Ursache der Schöpfung nicht selber ein Teil der Natur ist. Sondern wir bekennen, dass der Schöpfer der Welt eben der persönliche Gott ist, der Gott Abrahams, Isaaks und Jakobs, der Gott, der sich dem Moses im brennenden Dornbusch offenbarte als der „Ich bin, der ich bin" (Ex 3,14), der Gott, der zu den Propheten und durch die Propheten gesprochen hat. Er ist „der Gott und Vater unseres Herrn Jesus Christus" (Eph 1,3). Und mit Paulus bekennen wir von Christus, dass „Er das Ebenbild des unsichtbaren Gottes ist, und durch ihn und auf ihn hin alles geschaffen ist" (Kol 1,15 f). Wir glauben, dass der Geist, dem das Sein seine „gedankliche Struktur" verdankt, so dass wir es „nachdenken können" (J. Ratzinger), eben der Gottesgeist ist, den wir im Credo bekennen als den Geist, „der lebendig macht."

Die Natur, der Kosmos, die Schöpfung ist somit das Werk des Dreifaltigen und Dreieinen. Die allerheiligste Dreifaltigkeit ist die schöpferische Macht, die Himmel und Erde erschaffen hat.

Einschlägige Literatur zum Thema Schöpfung und Evolution:
Werner Gitt / Manfred Wermke, Schöpfung oder Evolution, Stephanus Edition ISBN 3-921213-23-2 bringen auf 106 Seiten ausgezeichnete Informationen zum Thema „Die Evolutionstheorie im Blickwinkel der Bibel und neuerer naturwissenschaftlicher Fakten" (Prof. Dr. Ing. Werner Gitt.)
„Die Evolutionstheorie aus biblischer und biologischer Sicht" (Dr. agr. Manfred Wermke).

Ergänzende Literatur
Katechismus der Katholischen Kirche Kompendium Frage Nr. 51-59
 Youcat Jugendkatechismus der Katholischen Kirche Nr. 40-48
Ingeborg & Horst Obereder Das unglaubliche Glaubensbuch S. 17-20

5. KAPITEL

„WIR GLAUBEN AN DEN EINEN GOTT, DEN VATER, DEN ALLMÄCHTIGEN, DER ALLES ERSCHAFFEN HAT"

So lautet die neue Übersetzung des Credo. Diesen Glauben an Gott der alles erschaffen hat, den die Heilige Schrift bezeugt, hat die Kirche seit der Zeit der Apostel verkündet. In seiner Rede auf dem Areopag in Athen spricht Paulus von „Gott, der die Welt und alles in ihr erschaffen hat", dem „Herrn des Himmels und der Erde" (Apg 17,24). Mit „Himmel und Erde" ist nach bibli- schem Sprachgebrauch die ganze Welt gemeint. Das heißt: alles, was existiert, verdankt sein Dasein letztlich Gott. Dieser Glaube ist nicht verursacht durch das antike Weltbild.

Schon in der Antike gab es Philosophen, die Platoniker, welche die Materie als ungeschaffen und ewig annahmen. Auch zur Zeit der Apostel war der Glaube an Gott den Schöpfer nicht unangefochten. Und trotzdem haben ihn die Apostel gepredigt. Genau so wenig wie Paulus vor den Gelehrten in Athen in die Knie ging, brauchen wir heute vor Ernst Haeckel, David Friedrich Strauß, Karl Marx und ihren heutigen Epigonen, wie Jacques Monod, Richard Dawkin, Hoimar von Ditfurth zu kuschen. Mögen auch letztere wegen ihres leicht- verständlichen, unterhaltsamen Stils und ihrer begeisternden populärwissen- schaftlichen Veröffentlichungen, bei nicht wenigen Anklang finden, so besagt das noch lange nichts über die Richtigkeit ihrer Ideen.

„Gott ist nicht wie ein Mensch" (Num 23,19). Dieser Satz des heidnischen Sehers Bileam gilt auch hinsichtlich der Schöpfertat Gottes. Die hebräische Bibel hat für das Erschaffen Gottes ein eigenes Wort (bará), um es aus der Ähnlichkeit menschlichen Tuns herauszuheben und davon zu unterscheiden. Das Wort „erschaffen" (bará) wird im Alten Testament nur von Gott ausgesagt. Es gehört zur Eigenart Gottes, dass ER – anders als der Mensch – ohne Vorgegebenes und ohne Voraussetzung erschafft aus Nichts (vgl. Fries, Handbuch theologischer Grundbegriffe II S 509 f). Der Mensch ist in seinem Schaffen, auch bei seinen Erfindungen von neuen Materialien, angewiesen auf bereits Vorhandenes. Gott dagegen kann vom Punkt Null ausgehen, vom Nichts. Die Überwindung vom Nichts zum Sein erfordert in jedem Fall göttliche Allmacht. Der Mensch kann zum Beispiel neue Kunststoffe produzieren, die es in der Natur so nicht gibt, aber er braucht Ausgangsstoffe, welche die Natur ihm liefern muss, z.B. Erdöl. Gott braucht zur Erschaffung der Welt nichts, auch keine Ur-Materie. Wenn es so etwas wie Ur-Materie gegeben haben sollte, welche bei der „Urknall"-Theorie vorausgesetzt wird, dann ginge auch diese letztlich auf einen Schöpfungsakt Gottes zurück.

Der Mensch muss gigantische Industrieanlagen errichten, um aus bereits Vorhandenem bisher Niedagewesenes zu produzieren. Gott brauchte nur zu wollen:„Es werde - und es ward" (Gen 1). Gott allein ist Voraussetzung seiner Schöpfung. Er erschafft aus dem Nichts etwas.

Weil Gottes Schöpfer-Allmacht ohne Inanspruchnahme außergöttlicher Ursachen wirken kann, darum sind Wunder möglich. Die Wunder, welche die Bibel bezeugt, als auch die Wunder im Leben der Heiligen bis hin zu den Wundern, die noch heutzutage geschehen, wie zum Beispiel das Sonnenwunder von Fatima am 13. Oktober 1917 oder Heilungen in Lourdes sind Ausfluss der Wirkmächtigkeit Gottes. Gott ist ein „Gott, der allein Wunder tut" (Ps 72,18), bei dem „kein Ding unmöglich ist" (Gen 18,14; Lk 1,37). Der Einwand, Gott wirke keine Wunder, denn er halte sich an seine von ihm gegebenen Naturgesetze, zieht nicht, denn als Gesetzgeber steht er souverän über den Gesetzen.

„Zufall und Notwendigkeit" lautet der Titel eines Buches (Jacques Monod), in dem der Schöpfer abgestritten wird. Dagegen ist die Schöpfung nicht nur ein Werk der Allmacht Gottes, sie ist auch eine Tat der Freiheit Gottes. Gott hatte es nicht nötig, diese Welt zu erschaffen. Er musste auch nicht aus innerer Notwendigkeit eine Welt erschaffen. Die einzelnen mathematischen Weltent- würfe der heutigen Naturforscher, Die Weltformeln Einsteins, de Sitters, Eddingtons u. a., die nur Denkmöglichkeiten sind, zeigen wie hoffnungslos es ist, das Weltall aus einer Denknotwendigkeit herzuleiten (vgl. Lexikon für Theologie und Kirche VI Sp.573).

Der Aufbau des Weltalls im Großen und die Struktur der Materie im Kleinen sind im hohen Maße kontingent, d.h. die Welt - so wie sie ist - muss nicht not- wendig so sein, sie könnte auch anders sein. Und sie ist aus sich heraus überhaupt nicht notwendig. Der Welt trägt offensichtlich an sich die Spur der freien Schöpfertat Gottes, sie ist Kreatur, d.h. Schöpfung.

Gott musste die Schöpfung auch nicht aus einem inneren Bedürfnis heraus erschaffen (vgl. Karl Barth, Kirchliche Dogmatik, Siebenstern Taschenbuch Nr. 47/48 S. 189 ff). Denn Gott ist auch in dieser Hinsicht nicht wie ein Mensch, der einem Bedürfnisdruck unterläge. Gottes freie Schöpfungstat ist aber auch nicht ein Werk willkürlicher Schöpferlaune, sondern eine Tat seiner Liebe. Die Schöpfung ist – ähnlich wie die Gnade – freie Tat der Liebe Gottes. Am Anfang und Ursprung der Schöpfung steht nicht eine ewige seelenlose Materie, nicht der eherne Zwang von Naturgesetzen, auch nicht der blinde Zufall, sondern Gott persönlich mit der freien Tat seiner überströmenden Liebe.

„Anbetung, Dank und Ehre, dreiein´ger Gott sei Dir;
Dir dienen Engelchöre, Dir huldigen auch wir.
In jedem Deiner Werke, in jeder Kreatur
erglänzet Deine Stärke und Deiner Liebe Spur."
(Gebet- und Gesangbuch für das Bistum Mainz 1952 Nr. 97,3)

6. KAPITEL:

„WIR GLAUBEN AN DEN EINEN GOTT, DER ALLES ERSCHAFFEN HAT, HIMMEL UND ERDE, DIE SICHTBARE UND DIE UNSICHTBARE WELT"

In den Glaubensbekenntnissen der Kirche wird Gottes Schöpfertat umschrieben mit „Himmel und Erde", d.h. der ganze Umfang der Welt verdankt seine Existenz letztlich Gott. Es gibt nichts, was unabhängig von Gott wäre. „Er hat alles geschaffen, die sichtbare und die unsichtbare Welt." Zur sichtbaren Welt gehören nicht nur die Milliarden Sonnen des Weltalls (Makrokosmos), sondern auch die dem bloßen menschlichen Auge unsichtbaren Atome, Moleküle, Strahlen und Wellen (Mikrokosmos). Denn all das können wir mit technischen Instrumenten sichtbar machen oder wahrnehmen.

Im Glaubensbekenntnis (Credo) ist mit „unsichtbar" gemeint der Bereich der immateriellen, rein geistigen Kreatur, der Engel und der Menschenseele. Papst Paul VI. hat das im „Credo des Gottesvolkes" eigens hervorgehoben, indem er formulierte: „Wir glauben an den einen Gott, den Vater und den Sohn und den Heiligen Geist, den Schöpfer der sichtbaren Dinge, wie es diese Welt ist, auf der wir unser flüchtiges Leben führen, als auch der unsichtbaren Dinge, wie es die reinen Geister, die wir Engel nennen, und den Schöpfer der unsterblichen Geistseele in einem jeden Menschen" (Ferdinand Holböck, Credimus S.27). Der Papst betont hier zwei Wahrheiten, die zum Glaubensgut (Depositum fidei) der Kirche von Anfang an gehören, aber in den Sog der Bezweiflung oder sogar der Leugnung geraten sind: die Existenz der Engel und der Geistseele des Menschen. Aber auch das ist nicht neu oder gar modern. Schon zur Zeit Jesu und der Apostel gab es im Judentum Kreise, welche die Existenz von Engeln leugneten (vgl. Apg 23,8).

Was die Existenz der Engel betrifft, so ist das ein Glaubenssatz, der schon auf dem 4. Laterankonzil (1215) als Dogma definiert wurde und vom 1. Vatikanischen Konzil (1870) wiederholt wurde. Ein Dogma bedeutet: die Kirche garantiert die Wahrheit von der Existenz der Engel ausdrücklich. Die profanen Wissenschaften können die Existenz oder das Wirken von Engeln nicht beweisen. Dass es solche Wesen gibt, wissen wir aus der Heiligen Schrift (vgl. Heinrich Schlier, Mächte und Gewalten im Neuen Testament).

Das II. Vatikanische Konzil (1962 –1965) setzt den Glauben an die Engel nicht außer Kraft sondern voraus, wenn es in verschiedenen Texten ganz selbstverständlich die Engel erwähnt. Selbst ein so kritischer Theologe wie Karl Rahner muss zugeben: „Man wird wegen der konziliaren Aussagen die Existenz von Engeln nicht bestreiten dürfen ... man wird daran festhalten, dass die Existenz von Engeln ... auch in der Schrift ausgesagt und nicht bloß als Hypothese vorausgesetzt wird, die für uns heute wegfallen könnte" (zitiert bei Holböck, Credimus S. 66/67).

Die Engel sind im Glauben der Kirche personale Wesen, nicht etwa bloße Kräfte oder göttliche Wirkungen. Papst Pius XII. hat diese Meinung, wonach Engel unpersönliche Kräfte oder bildhafter Ausdruck göttlichen Wirkens wären „als im Widerspruch mit der katholischen Lehre stehend zurückgewiesen" (Fries, Handbuch der theologischen Grundbegriffe I 279).

Freilich braucht man sich nicht zu wundern, dass in einer Zeit, in der alles auf die Materie zurückgeführt wird, nicht nur die Engel, sondern auch der Glaube an die unsterbliche Geistseele des Menschen als überholt betrachtet wird. So etwas gehöre noch zum Kinderglauben. Für einen „aufgeklärten" Erwachsenen sind sie im Bereich der Märchen und Mythen angesiedelt. Auch die Kunst hat mit zum Teil kitschigen Darstellungen dazu beigetragen, die Engel und Seelen in das Reich der Fabeln abzutun. Geflügelte Kinder- köpfchen, pausbackige Putten, die als niedliche marzipanfarbene Nackedeis an Kirchengesimsen herumpurzeln, mögen vielleicht Ästheten bezaubernd finden und Touristen bei Kirchenführungen entzücken. Sie sind in der Renaissance aufgekommen in Anlehnung an antike Eroten. Mit den wuchtigen Gestalten von Mühlstein schleudernden, Gerichtsposaunen blasenden, die rauen Gesellen der Hirten auf Bethlehems Fluren oder die Wächter am Grabe Jesu in Schrekken versetzenden Engelserscheinungen der Bibel haben diese Christbäume und Schaufenster zierenden „Engelchen" nicht das Geringste gemein. Die Trommel und Tamburin schlagenden und auf allerlei Instrumenten spielenden fröhlichen himmlischen Musikanten können nicht mithalten mit den Chören des Himmels, deren Klang dem Seher der Apokalypse so in den Ohren dröhnt „wie das Rauschen von Wassermassen und das Rollen mächtiger Donner" (Offb 14,2; 19,6). Doch wer hat je eine Predigt zum Thema Engel gehört? Wenn gestandene Mannsbilder immer noch ihr im Kindergarten gelerntes Schutzengelgebet zum „lieben Brüderlein" aufsagen, wo sie doch längst den Kinderschuhen entwachsen sind, dürfte das wenig ihrem Glauben an die Engel förderlich sein. Vgl. dagegen als Alternative die Texte der Schutzengellieder im Gotteslob Nr. 605 und 607, oder für ganz Eilige das Stoßgebet Nr. 15,8. Die Theologie hat im Laufe der Jahrhunderte den Engelglauben von unvollkommenen Vorstellungen geläutert und beschreibt die Engel als „reine Geister". Sie will damit ausdrücken, dass der Engel ein Wesen ist, das in vollkommener Weise Verstand und Willen hat und unabhängig von materiellen Bedingungen existiert. Der Engel als „purer Geist" ist ein personales, intelligentes Wesen, das nicht wie der Mensch auf einen Körper angewiesen ist.

Auch wenn wir Menschen als leibhaftige Wesen uns eine körperlose Existenz schwer vorstellen können, tun wir gut daran, die Wirklichkeit der von Gott geschaffenen Welt nicht auf unsere begrenzte menschliche Erfahrung einzuschränken, sondern mit jenen geistigen Dimensionen zu rechnen, die uns in der Offenbarung von den Engeln aufleuchtet. Wir tun gut, uns darauf einzustellen, dass der Lobpreis der Herrlichkeit des Schöpfers nicht nur aus der Tiefe des Menschenherzens aufsteigt, sondern auch in den Höhen von den Scharen der Engel erklingt (vgl. Wolfgang. Beinert, Glaubensbekenntnis S. 24). Im Messbuch, das nach der Liturgiereform herausgegeben wurde, steht eine eigene Praefation von den Engeln. Darin heißt es: „In Wahrheit ist es würdig und recht, dir allmächtiger Vater zu danken und in der Herrlichkeit der Engel deine Macht und Größe zu preisen. Denn dir gereicht es zur Verherrlichung und zum Lob, wenn wir sie ehren, die du erschaffen hast. An ihrem Glanz und ihrer Würde erkennen wir, wie groß und über alle Geschöpfe erhaben du selber bist."

In der Theologie der orthodoxen Kirche werden die Engel „zweite Herrlichkeiten" genannt, weil sie die Schönheit Gottes widerspiegeln und ihm in ihrer Geistigkeit nahe stehen, sind sie „die himmlischen Liturgen der ersten Herrlichkeit" (Lothar Heiser, Die Engel im Glauben der Orthodoxie, Seite. 222/223). Ebenso wie in der Liturgie der Ostkirche, endet auch die Präfation in der Westkirche mit dem Sanctus, dem dreimaligen Heiligruf der Engel, aus der Berufungsvision des Propheten Jesaja (6,3). Der Prophet schildert da wie das heilig, heilig, heilig Rufen der Himmelswesen die Türschwellen des Tempels erbeben ließ.

Der Mensch hat teil an jener Dimension der geistigen Schöpfung. Gott hat „ihn nur wenig unter die Engel gestellt" (Ps 8,6). Als Leib-Seele-Wesen ist der Mensch sozusagen Schnittpunkt zwischen der geistigen und der materiellen Welt. Mit der sichtbaren Welt hat er den Körper gemeinsam. Mit der unsichtbaren Welt verbindet ihn seine Geist-Seele. Leib und Seele sind nicht zwei Hälften des Menschen, sie bilden beim Menschen eine Wesenseinheit, so sehr dass der Leib ohne Seele nicht existieren kann. Umgekehrt versinkt zwar die Geist-Seele ohne den Leib nicht im Nichts, aber es ist die Seele ohne den Leib nur wie ein Torso des Menschen. Das hat ganz praktische Konsequenzen: Das Ich des Menschen wird beim Tod nicht ausgelöscht, sondern lebt fort. Auch nach dem Tod weiß der Mensch noch um sich und was mit ihm vorgeht, er erfährt die Begegnung mit Gott, Gericht, Läuterung und Endzustand im Himmel oder der ewigen Verdammnis. Er erlebt das bewusst aufgrund seiner Geist-Seele.

Doch da der Mensch von Gott als Leib-Seele-Wesen geschaffen und gewollt ist, gehört die Auferstehung des Leibes zur Vollendung des Menschen in der neuen Welt. So ist im ersten Artikel des Glaubensbekenntnisses schon der letzte Artikel grundgelegt: „Die Auferstehung der Toten und das ewige Leben."

Ergänzende Literatur
Katechismus der Katholischen Kirche Frage Nr 59-72
Youcat Jugendkatechismus der Katholischen Kirche Nr. 41-65
I.& H, Obereder Das unglaubliche Glaubensbuch S.27-28

ZWEITER GLAUBENSARTIKEL

WIR GLAUBEN AN JESUS CHRISTUS, GOTTES EINGEBORENEN SOHN, UNSEREN HERRN

1. KAPITEL

JESUS CHRISTUS, GOTTES EINGEBORENER SOHN

In diesem Artikel des Glaubensbekenntnisses, sowohl des apostolischen als auch des nizänokonstantinopolitánischen Glaubensbekenntnisses (Credo) geht es um das Christusgeheimnis. In den ersten sieben Jahrhunderten ihrer Geschichte musste die Kirche das ihr in der Heiligen Schrift anvertraute Christusgeheimnis verteidigen gegen christologische Irrtümer (vgl. Fries, Handbuch theologischer Grundbegriffe I S.707).

Und auch in unserer Zeit tauchen innerhalb der katholischen Glaubensgemeinschaft Falschmeinungen auf, die Jesus Christus einfach auf einen Menschen reduzieren. Die rationalistische protestantische Theologie des 19. Jahrhunderts findet heute verspätete Nachbeter im katholischen Raum. Man deutet die Aussagen der Heiligen Schrift so um, dass aus Jesus zwar eine einzigartige religiöse Persönlichkeit wird, ein religiöser Super-Star, aber nicht der Gott-Mensch. Und man unterscheidet zwischen einem historischen Jesus und dem Jesus des Glaubens, zu dem ihn die ersten Verkündiger der Kirche gemacht hätten.

Der Name Jesus Christus im Glaubensbekenntnis verweist uns auf den historischen Jesus von Nazareth, den Sohn Mariens, aus dem Geschlechte Davids, geboren zu Bethlehem, gekreuzigt unter Pontius Pilatus zu Jerusalem und dort begraben. Von diesem Jesus bekennen wir im Credo, dass Er der Christus ist, d.h. der von den Propheten geweissagte Messias, den das Volk Israel durch die Jahrhunderte seiner Geschichte erwartete und den gläubige Juden immer noch erwarten.

Von diesem Jesus Christus glaubt und bekennt die Kirche, dass ER in einzigartiger Weise der Sohn Gottes ist: „Der Einzige, der Gott ist und am Herzen des Vaters ruht. Er hat Kunde gebracht" (Joh 1, 18). Das meint das Wort

„eingeborener" bzw. „einziger Sohn" in den Glaubensformeln. Das Ärgernis für die menschliche Vernunft besteht darin, dass der kirchliche Glaube aussagt: Jesus Christus ist Gott wie der Vater im Himmel.

Im Philipperbrief zitiert Paulus einen Christushymnus, ein urchristliches Christuslied. Der erste Vers lautet in der deutschen Einheitsübersetzung: „Er war wie Gott, hielt aber nicht daran fest, Gott gleich zu sein, sondern wurde wie ein Sklave und den Menschen gleich" (Phil 2,6 f). Frühere katholische Überstzungen lauteten: „Er, dem die Gottesgestalt zu eigen war". Der griechische Ausdruck, der hier mit „Gottesgestalt" übersetzt ist, bedeutet Gottes Daseinsweise (Otto Karrer). In der evangelischen Wuppertaler Studienbibel übersetzt Werner de Boor: „... in Gestalt Gottes wesend" und in „Hoffnung für alle" (evangelisch) ist der Satz übersetzt: „Obwohl er Gott in allem gleich war und Anteil an Gottes Herrschaft hatte". „Darin, dass Christus von der Höhe göttlicher Herrschermacht und Lichtherrlichkeit sich herabgelassen hat bis in den Abgrund der Ohnmacht und Unscheinbarkeit, wie sie Sklaven eignet, offenbart sich dem Apostel geradezu gegenständlich das innere Wesen des übergeschichtlich-geschichtlichen Erlösers" (Theologisches Wörterbuch zum Neuen Testament IV 759,15).

Vor Jahren konnte man im Radio einen atheistischen Schriftsteller argumentieren hören, Jesus selber habe ja gesagt, dass er nur der Menschensohn sei. Nur hat der Mann, der damit den Glauben an die Gottheit Christi zu widerlegen meinte, übersehen, dass Jesus in der Öffentlichkeit vermieden hat, sich als Messias zu bekennen, um den falschen Messiasvorstellungen, die damals im Judentum kursierten, keinen Vorschub zu leisten. Wenn Jesus sich als „der Menschensohn" bezeichnete, hat er auf die Vision im 7. Kapitel des Buches Daniel zurückgegriffen, wo „mit den Wolken des Himmels einer wie ein Menschensohn kam, dem „Herrschaft, Würde und Königtum gegeben ward" und dem „alle Völker, Nationen und Sprachen dienen müssen", dessen Herrschaft „eine ewige, unvergängliche Herrschaft" ist und dessen „Reich niemals untergeht" (Dan 7,13.14).

Im Prozess vor dem Hohen Rat bejaht Jesus die Frage des Hohenpriesters, ob er der Messias sei, „der Sohn des Hochgelobten (d.i.Gottes)". Doch fährt er in seiner Antwort fort: „Und ihr werdet den Menschensohn zur Rechten der Macht (Gottes) sitzen und mit den Wolken des Himmels kommen sehen" (Mk 14,61 f). Er zitiert wörtlich die Stelle aus Daniel 7,13. Daraufhin wird er wegen Gotteslästerung zum Tode verurteilt.

Die Schwierigkeit, die diese Glaubensaussage dem menschlichen Verständnis bereitet, besteht darin, dass ein und dieselbe Person, Jesus Christus, wirklich wahrer Gott ist wie der Vater im Himmel, und dass derselbe Jesus Christus aber auch wahrer Mensch ist. Laut Hebräerbrief „in allem seinen Brüdern gleich" (2,17) und „auf gleiche Weise versucht worden ist, aber nicht gesündigt hat" (Hebr 4,15).

Zum Persongeheimnis Jesu Christi gehört wesentlich, dieses wahrer Gott und wahrer Mensch zu sein. Nicht erst in unserer Zeit gibt es Versuche, die Spannung, die in diesen gegensätzlichen Polen liegt, aufzuheben. Schon der alexandrinische Priester Aríus (+336) hat das versucht, indem er lehrte, Christus sei das erste und vornehmste Geschöpf, dessen Gott bedurfte, um die Welt zu erschaffen und mit der Schöpfung in Beziehung zu treten. Insofern sei Christus Gottes Sohn, aber eben nur wesensverwandt, nicht wesensgleich.

Arius war zu seiner Zeit ein hochgebildeter Theologe und glänzender Prediger, der seine Ideen genauso geschickt an den Mann zu bringen verstand wie mancher Startheologe heute. Seine „Theorie war von großer Logik und Vernünftigkeit" (Wolfgang Beinert, Glaubensbekenntnis S.27). Nach Aríus und seinen Anhängern ist Jesus „der unüberbietbare Prophet, das religiöse Genie schlechthin, die Vollendung aller Schöpfung Gottes" (W. Beinert). Das klingt gut. So wie auch in manchen modernen Jesus-Büchern gutklingende Aussagen über Jesus Christus zu lesen sind. Doch die entscheidende Antwort, die keine noch so hervorragende Formulierung ersetzen kann, aber bleibt aus: Jesus Christus ist wahrer Gott! Dass er auch wahrer Mensch ist, das wird heutzutage allgemein akzeptiert. Wo aber vom Persongeheimnis Jesu Christi nur das Menschsein ausgesagt wird und nicht auch das wahre Gottsein, ist die Spannung aufgehoben, das eigentliche Geheimnis ausgeschaltet. Der Verstand kann sich beruhigen. Der Glaube kann es nicht!

Unüberhörbar wie Glockenschläge tönen die ersten Verse des Johannes-Evangeliums: „Im Anfang war das Wort und das Wort war bei Gott und das Wort war Gott. Und das Wort ist Fleisch geworden und hat unter uns gewohnt, und wir haben seine Herrlichkeit geschaut, die Herrlichkeit des eingeborenen Sohnes vom Vater" (Joh 1,13 und 14). Das ganze Johannesevangelium läuft auf seinen Höhepunkt, das Bekenntnis des Thomas, hinaus: „Mein Herr und mein Gott!" (Joh 20,28).

Angesichts des Zeugnisses der Heiligen Schrift lässt sich der Glaube durch noch so gut klingende Formulierungen nicht beschwichtigen. Heute so wenig wie damals zur Zeit des Aríus.

Die Auseinandersetzungen innerhalb der Kirche um das Christusgeheimnis wurden damals so heftig, dass Kaiser Konstantin, dem am religiösen Frieden im römischen Weltreich gelegen war, ein allgemeines Konzil einberufen hat. In Nizäa entschied im Jahr 325 die Mehrzahl der anwesenden Bischöfe gegen die Lehre des Aríus und seiner Anhänger. Feierlich erklang zum erstenmal jenes Glaubensbekenntnis, das wir bis zur Stunde im Credo der heiligen Messe an allen Sonn- und Feiertagen sprechen: „Wir glauben an den einen Herrn Jesus Christus, Gottes eingeborenen Sohn, aus dem Vater geboren vor aller Zeit: Gott von Gott, Licht vom Licht wahrer Gott vom wahren Gott, gezeugt nicht geschaffen, eines Wesens mit dem Vater."

2. KAPITEL

„ICH GLAUBE AN JESUS CHRISTUS ... UNSEREN HERRN"

Das „unseren Herrn" im zweiten Glaubensartikel ist kein Füllsel, sondern eine Glaubensaussage, nicht weniger bedeutsam als „Gottes eingeborener Sohn". Dieses „Jesus Christus unseren Herrn" ist uns in seiner Gewichtigkeit gar nicht mehr recht bewusst, weil es fast schon zur Floskel geworden ist am Schluss unserer Gebete. Was ist heute im demokratischen Massenzeitalter noch ein Herr? „Herr X", „Herr Y", „Herr Sowieso", das ist allenfalls noch eine förmliche Anrede ohne tiefere Bedeutung.

Doch als Paulus im Philipperbrief (2,11) schrieb: „Jesus Christus ist der Herr"! da gebrauchte er dieses Wort nicht in der Bedeutung wie wir heute vom Herrn Hinz und Herrn Kunz oder vom „eleganten Herrn" reden. „Kyrios Jesoús Christós, Herr ist Christus Jesus! Da horchten die Menschen der Antike auf. Denn K?rios, Herr, das war der Titel, mit dem die Menschen damals die Götter anriefen. „Kyrie Hélie!", so riefen sie den Sonnengott an. (Dölger, Sol salutis S. 76). „Kyrie eléison", „Herr erbarme Dich!", das ist eine Gebetsformel aus der Antike (a.a.O. S. 77). Genauso wie „Erlöse uns, o Herr" ein Flehruf der Menschen damals war. In diesem „Jesus Christus ist der Herr" steckt das Glaubensbekenntnis an die Gottheit Christi.. Als Kaiser Domitián (51-96 n.Chr.) sich als erster unter den römischen Kaisern amtlich mit „Gott der Herr" wenn es da heißt: „Ich glaube an Jesus Christus, unseren Herrn".

Man vergleiche einmal damit Aussagen eines modernen Theologen, der viel von sich reden macht und von den Medien hofiert wird, der in einem seiner Bestseller Jesus uns vorstellt als Gottes „Beauftragter", „Bevollmächtigter", „Anwalt", „Sprecher", „Sachwalter", „Repräsentant", „Platzhalter", „Stellvertreter Gottes" (Hans Küng, Existiert Gott? zitiert in THEOLOGISCHES 1978 Nr. 102 Spalte 2935).

Die Inflation der Ausdrücke kann nicht darüber hinwegtäuschen, dass sie weit unter dem zurückbleiben, was sowohl das Apostolische Glaubensbekenntnis als auch das Credo mit dem einen Wort zum Ausdruck bringen, in dem sie Christus bekennen als „unseren HERRN". Aber genau um dieses Bekenntnis der Gottheit Christi drückt sich dieser Startheologe. Wer wirklich den Glauben der Kirche an die heutige Generation weitergeben will, der braucht nicht mit einer Unmenge noch so schön klingender Christustitel die Leser zu überschütten, er muss nur die überlieferten Worte in ihrer ursprünglichen Bedeutung erschließen.

Im Zeitalter der Wort-Inflation zeigt uns das Glaubensbekenntnis, welches Gewicht u.U. ein einziges Wort hat und wie es im Glauben auf jedes Wort ankommt. Das Glaubensbekenntnis „Jesus Christus unser Herr" ist deckungsgleich mit Philipper 2, 10: „So soll alles im Himmel, auf Erden oder unter der Erde ihn anbeten, und alle Menschen sollen zur Ehre Gottes des Vaters bekennen: Jesus Christus ist der Herr" (Übersetzung von Berger/Norden Das Neue Testament Seite 208).

Ergänzende Literatur
Katechismus der Katholischen Kirche Frage Nr 81-84
Youcat Jugendkatechismus der Katholischen Kirche Nr. 71-79
I.&.H. Obereder Das unglaubliche Glaubensbuch S. 29-32

3. KAPITEL

„FÜR UNS MENSCHEN UND ZU UNSEREM HEIL IST ER VOM HIMMEL HERABGEKOMMEN"

Das Credo entfaltet die Glaubensaussage über Jesus Christus mit den Worten: „Qui propter nos homines et propter nostram salútem descéndit de caelis". Wörtlich übersetzt: „Wegen uns Menschen und wegen unseres Heiles ist ER vom Himmel herabgestiegen". Das klingt zunächst wie eine Veränderung des Aufenthaltsortes Christi. Doch es ist mehr damit gemeint. Paulus beschreibt diesen Abstieg Christi im Philipperbrief: „Er, der in Gottesgestalt war, hielt nicht daran fest, Gott gleich zu sein, sondern entäußerste sich. Indem er Knechtsgestalt annahm, uns Menschen gleich wurde und sich in seiner ganzen Erscheinung wie ein Mensch gab, erniedrigte ER sich und ward gehorsam bis zum Tod, ja bis zum Tod am Kreuz" (2,6-8).

Dass dieses Herabsteigen dessen, den wir im Glauben als unseren „Gott und Herrn" bekennen, mehr ist als eine äußere Ortsveränderung, zeigen auch die folgenden Aussagen im Credo: „Er hat Fleisch angenommen ... und ist Mensch geworden".

Dieses Herabsteigen erfolgt sozusagen in Stufen. Die erste Stufe dieses Abstieges formuliert Paulus in Philipper 2,6: „Er hielt sein Gottgleichsein nicht wie ein Beutestück fest, sondern entäußerste sich, wurde wie ein Sklave und den Menschen gleich" (auch mögliche Übersetzung). Bereits diese erste Stufe des Abstieges Christi geht über das hinaus, was die Menschen im Alten Testament erwarteten und ersehnten mit dem Ruf: „Reiß doch die Himmel auf und steig herab ... dass die Berge erbeben" (Jes 63,19)! Nur so konnten sich die Menschen des Alten Bundes die Herabkunft Gottes vorstellen. Wenn Er herabsteigt, müssen die Berge erbeben. Doch der, vor dem die Berge erbeben müssten, steigt tiefer herab. Er kommt nicht als der „Herr der Welt", sondern als Sklave und Knecht. Er tauscht den Thron seiner göttlichen Herrlichkeit ein gegen die Krippe und die Rolle des Sklaven.

Doch das ist erst die erste Stufe seines Abstieges. Es geht noch tiefer hinab: „Gekreuzigt wurde ER sogar für uns" und „hat unsere Sünden mit seinem Leib auf das Holz des Kreuzes getragen" (1 Petr.2,24). „ER, der die Sünde nicht kannte", ihn hat Gott „für uns zur Sünde (d.i. zum Sünder) gemacht" (2 Kor 5,21). So sieht die zweite Stufe des Abstieges Christi aus dem Himmel seiner Gottesherrlichkeit aus.

Das Credo bezeugt noch eine dritte Stufe des Herabsteigens Christi nämlich „hinabgestiegen in das Reich des Todes". Tiefer geht es nicht mehr als bis in den Tod. Und jetzt, auf der untersten Stufe des Abstieges beben die Berge. „Die Erde bebte und die Felsen spalteten sich" (Mt 27,51b).

Was ist das für ein Gott, der einen solchen Abstieg unternimmt! Der, durch den alles geschaffen wurde, wird selber ein Geschöpf (vgl. Kol 1,16)! Er, der Allheilige, nimmt das Los des Sünders auf sich, stellt sich am Jordan in die Reihe der Sünder (Mt 3,13ff) und lässt sich am Ende seines Erdenwirkens als Verbrecher verurteilen. Er, der Ursprung allen Lebens, wird einer im Reiche der Toten! Und all das „für uns Menschen und um unseres Heiles willen"! Die Adventslichter, die Gott uns mit dem Herabsteigen Christi entzündet, sind anders als die wir Menschen anzünden. Sie sind alles andere als idyllisch. Aber sie leuchten noch, wenn unsere Lichter erlöschen.

4. KAPITEL

„FÜR UNS MENSCHEN UND ZU UNSEREM HEIL IST ER VOM HIMMEL HERABGESTIEGEN"

Im Credo ist von der Menschwerdung des Gottessohnes gesagt, sie sei „um unseres Heiles willen" geschehen. Was ist das für ein Heil, um dessentwillen der ewige Sohn des ewigen Vaters sein Erdenleben angetreten hat?

Zur Zeit des dritten Reiches lautete „der deutsche Gruß": „Heil Hitler!" Und die Kommunisten grüßten mit „Heil Moskau!" Inzwischen hat sich das „Heil", das „der Führer" Großdeutschlands verheißen hatte, als größte Katastrophe in der deutschen Geschichte erwiesen. Auch das „Heil", das mit dem „Paradies der Arbeiter" kommen sollte, ist mit seinem Archipel Gulag und den Abermillionen Toten der „Diktatur des Proletariates" als ungeheuerliches Unheil entlarvt worden. Und die Parole von Freiheit, Gleichheit und Brüder- lichkeit der französischen Revolution hat mit ihrer Heilsverheißung durch die Erfindung der Guillotine zur „Humanisierung" der

Massenhinrichtungen in Paris und dem Massenmorden an der Bevölkerung (man hat Schwangeren den Bauch aufgeschlitzt) in der Vendée eine unrühmliche Blutspur hinterlassen.

Da nach dem Konzil auch von Theologen außerbiblische Heilslehren aufgegriffen wurden und Eingang in deren Überlegungen gefunden haben, ist es wichtig, das „Heil" näher zu bestimmen, um dessentwillen Christus Mensch wurde.
Die Marxisten haben ja nicht nur den „Marsch durch die Institutionen", bei uns angetreten, sondern mit ihren Ideen auch den „Marsch durch die Wörter" (Karl D. Bracher). Das heißt es werden zwar die herkömmlichen Worte wie seither gebraucht, aber ihnen ein neuer Sinn unterschoben. Bei manchen Theologen kann man das unter dem Begriff „Neuinterpretation des Glaubens" ebenfalls beobachten. Nicht jeder, der vom Heil spricht, meint auch das Heil, von dem im Glaubensbekenntnis und in der Bibel die Rede ist.

Als Petrus und Johannes am „schönen Tor" des Tempels in Jerusalem einen Lahmen im Namen Jesu geheilt hatten, wurden sie vor dem Hohen Rat zur Rechenschaft gezogen, wie sie dazu kämen in aller Öffentlichkeit Christus zu predigen. Bei dieser Gelegenheit bekennt Petrus: „Wenn wir heute wegen einer guten Tat an einem kranken Menschen darüber vernommen werden, durch wen er geheilt worden ist, so sollt ihr alle und das ganz Volk in Israel wissen: im Namen Jesu Christi, des Nazoräers, den ihr gekreuzigt habt und den Gott von den Toten auferweckt hat, durch ihn steht dieser Mann gesund vor euch. Und es ist in keinem andern das Heil zufinden" (Apg 4,9.10.12).

Es leben ja noch unter uns Zeitzeugen, die das „Heil Hitler" und „Heil Moskau" gehört haben, oder die „Mao"-. „Ho Chi-Min"- und „Che Guevara"-Rufe noch im Ohr haben. Es gab sogar die Mao-Bibel in deutscher Übersetzung. Aber welches Leid und Unheil sind mit diesen Namen verbunden. Es gibt noch genug Leute, die sich der Fernsehbilder erinnern, wie Zehntausende auf brüchigen Barken und Booten dem Bereich Ho Chi-Mins zu entkommen suchten. Sie zogen die Todesgefahr dem Heil vor, das im Namen Ho Chi-Mins ihrem Land gebracht wurde.

Ganz egal, unter welchem Namen man uns das Heil verspricht, ob im Namen von Karl Marx oder Maos oder unter der Sexuellen Revolution, des Gen- derismus oder wem und was auch immer, als Christen müssen wir wissen, dass in keinem Namen oder Ideologie das Heil zu erwarten ist, als nur „im Namen Jesu Christi", der „um unsers Heiles willen" vom Himmel kam.

Doch was ist das für ein Heil, das ER uns bringen wollte? Vor einigen Jahrzehnten haben namhafte Politiker mit fast schon messianischem Sendungsbewusstsein im Nachkriegsdeutschland den Menschen eine Art Heilserwartung suggeriert, die weite Kreise erfasste: der Glaube an den Fortschritt. Man muss- te kein Prophet, noch nicht einmal besonders intelligent sein, um das Utopische dieser Heilserwartung zu durchschauen. Wer die ersten Kapitel der Bibel liest, weiß, dass die Menschheit mit einer Schlagseite immer neuen Katastrophen, dem Verderben entgegentreibt, weil sie sich in einem heillosen Zustand befindet. Diesen heillosen Zustand kann kein Mensch von sich aus beheben.

Im Lied, das Zacharias bei der Geburt des Johannes des Täufers anstimmt, ist von der „Erfahrung des Heils" die Rede, die in der „Vergebung der Sünden" (Lk 1,77) besteht. Heil im christlichen Verständnis hat zunächst einmal diese vertikale Dimension. Christlicher Glaube sieht Heil und Unheil in ursprüng- lichem Zusammenhang mit dem Verhalten des Menschen Gott gegenüber und umgekehrt Gottes gegenüber dem Menschen. Paradies und Sündenfall sind die biblischen Stichworte dafür (vgl. Gen 2. und 3.Kapitel).

Bei der Ankündigung der Geburt Jesu, die dem heiligen Joseph in einem Traumgesicht durch einen Engel zuteil wird, heißt es darum: „Du sollst ihm den Namen Jesus geben, denn er wird sein Volk von seinen Sünden erlösen" (Mt 1,20f). Von der Wurzel her packt Gott das Unheil in der Welt an. Freilich beschränkt sich Gott in seinem Heilswillen nicht nur auf die Heilung von der Sünde, sein Ziel ist die Wiederherstellung des paradiesischen Zustandes in einer heilen Welt.

So sind die Wunder Jesu Zeichen dieses umfassenden Heiles, das über das Menschenmögliche hinausgeht, und darum nur von Gott geschaffen werden kann. Die Menschwerdung des Gottessohnes ist der erste Schritt, den Gott dafür unternimmt. Die Bibel hat für dieses allumfassende Heil Gottes verschiedene Ausdrücke: „Erlösung", „ins Reich Gottes eingehen", „ins ewige Leben eingehen" (Theolog. Wörterbuch zum NT VII S- 991), volkstümlich gesprochen: „in den Himmel kommen".

Der Vorwurf der Marxisten lautete, das sei „Opium für das Volk" und würde die Leute davon abhalten, für das irdische Paradies zu arbeiten. Deswegen verfolgte man die Verkünder und Anhänger des christlichen Glaubens bis aufs Blut. Nein, der Glaube an das ewige unvergängliche Heil gibt den Mut und die Kraft zum Aus- und Durchhalten in einer heillosen Welt. Gerade die Hoffnung auf das nicht vom Menschen zu schaffende Heil lässt echte Christen nicht verzweifeln, wo menschliche Heilslehren und Ideologien sich immer wieder als utopisch erweisen. Sie lässt Christen in dieser heillosen Welt das Menschenmögliche unternehmen zur Linderung irdischer Not und von Menschen verursachten Leides, wohlwissend, dass das endgültige Heil nur von Gott kommt.

Der Glaube an das Heil, das in Jesus Christus, dem Heiland, begründet ist, macht immun gegen irdische Messiasse und ihre Heilslehren, die noch allemal statt des versprochenen Paradieses auf Erden als Ergebnis die Hölle auf Erden hatten. „In keinem anderen Namen ist Heil" als nur im Namen Jesu. Das galt nicht nur zur Zeit der Apostel vor fast 2000 Jahren, das gilt auch in der von politischen Katastrophen, wirtschaftlichen Problemen gebeutelten und von menschlichen Tragödien erfüllten Welt von heute.

Heilige, wie zum Beispiel Bernhard von Clairveaux (* 1090), haben nächtelang damit verbracht, nur den Namen Jesus betend auszusprechen. Der heilige Klaus von Flüe forderte seine Schweizer Landsleute auf: „Der Name Jesus sei euer Gruß!" Bei den russlanddeutschen Katholiken ist das bis heute noch der Brauch, wenn sie einem Priester begegnen, zu grüßen mit „Gelobt sei Jesus Christus!"

Und die Kirche hält uns an, in der Stunde unseres Todes den Namen Jesus als Unterpfand unseres Heiles zu beten: „Jesus, dir leb´ ich, Jesus, dir sterb´ ich, Jesus, dein bin ich, tot und lebendig". Eben das wird von Alcide De Gasperi; berichtet, dass der ehemalige italienische Staatsmann und Hauptinitiator der Einigung Europas auf christlich-abendländischer Grundlage 1954 mit dem Namen Jesus auf den Lippen gestorben sei.
„Durch unseren Herrn, Jesu Christus schaffst du den Menschen neu und schenkst ihm ewige Ehre. Denn einen wunderbaren Tausch hast du vollzogen: dein göttliches Wort wurde ein sterblicher Mensch, und wir sterbliche Menschen empfangen in Christus dein göttliches Leben" (3. Weihnachtspräfation).

„Obwohl er der höchste König ist, kam Christus in Niedrigkeit. Er konnte nicht mit leeren Händen kommen und brachte seinen Streitern ein großes Geschenk mit. Erbrachte das Geschenk der Liebe mit, um die Menschen zur Teilnahme an der göttlichen Natur zu führen" (Fulgentius von Ruspe (+532), Lektionar zum Stundenbuch I/1 S. 230).

„Unser Herr, der Sünde und Tod vernichtet hat, fand keinen, der von Schuld frei war. Deshalb kam er, um alle zu befreien...Lasst uns also Gott dem Vater danken durch seinen Sohn im Heiligen Geist, dass er uns in seiner übergroßen Huld geliebt und sich unser erbarmt hat...Christ erkenne deine Würde! Du bist der göttlichen Natur teilhaftig geworden, kehr nicht zu deiner alten Erbärmlichkeit zurück und lebe nicht unter deiner Würde" (Leo der Große (+ 461). Lektionar z.Stb I/1 s, 114).

Ergänzende Literatur
Youcat Jugendkatechismus der Katholischen Kirche Nr.80-85
I.&H. Obereder Das unglaubliche Glaubensbuch S. 29-32
Katheschismis der Katholischen Kirche Nr. 85-93

DRITTER GLAUBENSARTIKEL
„EMPFANGEN DURCH DEN HEILIGEN GEIST, GEBOREN VON DER JUNGFRAU MARIA

1. KAPITEL

„EMPFANGEN DURCH DEN HEILIGEN GEIST"

Im Credo lautet dieses Glaubensgeheimnis: „Er hat Fleisch angenommen durch den Heiligen Geist." Diese Formulierung weist hin auf den Prolog des Johannesevangeliums: „Das Wort ist Fleisch geworden" (Joh 1,14).

Ein berühmter protestantischer Theologe, Adolf von Harnack, hat bereits 1891 erklärt, „hier liege ein Notstand für jeden Christen vor" (W. Beinert, Glaubens- bekenntnis und Gotteslob der Kirche S. 31). Was im 19. Jahrhundert der liberalen protestantischen Theologie ein Ärgernis war, das „empfangen durch den Heiligen Geist", macht auch heute nicht wenigen Christen zu schaffen. Sie finden den Glauben an die jungfräuliche Empfängnis Jesu von Maria der Jungfrau als unzumutbar. Schon 1977 stellte der neuernannte Münchener Erzbischof, Joseph Ratzinger fest, „dass die Jungfrauengeburt als Faktum, als reale Tatsache der Geschichte aufs schärfste bestritten und heute auch von katholischen Theologen weithin aufgegeben wird" (Joseph Ratzinger, Die Tochter Zion S.51).

Das Dogma von der jungfräulichen Empfängnis Mariens besagt, dass das Christuskind nicht auf natürliche Weise, nicht durch väterliche Zeugung empfangen wurde, sondern wie es beim Evangelisten Matthäus 1,18 ausdrücklich heißt: „durch das Wirken des Heiligen Geistes". Der heilige Joseph ist nicht der leibliche Vater Jesu. Und Jesus wurde, wie es Lukas 3,23 bezeugt, nur „für den Sohn Josephs gehalten". Beide Evangelisten berichten unabhängig voneinander die Tatsache von der vaterlosen Empfängnis Jesu als ein vom Heiligen Geist gewirktes Wunder (vgl. Lk 1,35-37).

Von denen, die das bei Matthäus und Lukas Berichtete nicht als bare Münze nehmen, wird behauptet, das sei nur eine zeit- und umweltbedingte Vorstellung der heidenchristlichen Kirche in nachapostolischer Zeit. Sie berufen sich darauf, antike Mythen berichteten, dass außergewöhnliche Menschen ihren Ursprung dem Verkehr der Götter mit jungfräulichen Müttern verdankten. Und diese Vorstellung habe man im heidenchristlichen Milieu auf Jesus übertragen, um auf diese Weise „den schöpferischen Neuansatz in der Heilsgeschichte auszusagen, der mit Jesus von Nazareth anhebe" (Uta Ranke-Heinemann).

So sei es später zum Glauben an die leibliche Jungfräulichkeit Mariens gekommen. Wir Heutigen dagegen müssten uns von diesem zeitbedingten Vorstellungsmodell lösen und könnten „die neutestamentlichen Berichte bei Mat- thäus und Lukas, innerhalb deren die Jungfrauengeburt ausgesagt wird, durch- aus als Bildersprache" auslegen (Uta Ranke-Heinemann).

Nach Ansicht namhafter Exegeten gehen die Kindheitsgeschichten bei Matthäus und Lukas allerdings auf Quellen zurück, die den Evangelisten vorgegeben waren und nicht aus heidenchristlichem Milieu, sondern aus judenchristlichem Umfeld stammen. Aufgrund der Sprachrhythmik und der Darstellungsweise schließen Fachleute auf den jüdischen Ursprung der Texte (vgl. Gaechter, Maria im Erdenleben und Gaechter, Das Matthäusevangelium; ferner Schürmann, Herders theologischer Kommentar zum Lukasevangelium).

Bereits im ersten Jahrhundert gab es eine judenchristliche Sekte, die Ebioniten, die unter anderem die ewige Gottessohnschaft (Präexistenz) Jesu und auch die Jungfrauengeburt leugneten. Die haben sogar das Matthäusevangelium umgearbeitet, damit es für ihre Glaubensansichten passte. Auch haben sie die Briefe des Apostels Paulus als die eines Apostaten (d.i. Abtrünnigen) abgelehnt.

Im 2. Jahrhundert hat der griechische Philosoph Kelsos eine Streitschrift gegen die Christen verfasst. Aus der Gegenschrift des christlichen Schriftstellers Origines (* um 185) erfahren wir, dass Kelsos ebenfalls den Glauben der Christen an die Jungfrauengeburt angriff und behauptete, Jesus sei das uneheliche Kind Mariens von einem römischen Legionär gewesen. Sogar den Namen des Legionärs will er von einem jüdischen Gewährsmann erfahren haben.

Beide Beispiele zeigen, dass man die Aussagen der Evangelisten über die jungfräuliche Empfängnis Jesu nicht bildlich, sondern wörtlich genommen hat. Es wäre für Origines naheliegend gewesen, den Vorwurf des Kelsos zu entkräften, wenn er darauf hingewiesen hätte, dass das bei Matthäus und Lukas Erzählte ja nur bildlich zu verstehen sei. Aber er stellt sich voll und ganz hinter die Aussagen der Evangelisten, dass das „empfangen vom Heiligen Geist" im eigentlichen Sinn zu verstehen ist.

Gegenüber allen Versuchen, die Jungfrauengeburt Jesu Christi zu leugnen, hat die Kirche im Laufe der Jahrhunderte stets daran als einer Glaubenstatsache festgehalten. (Vergleiche H. Denzinger, Kompendium der Glaubensbekennt- nisse und kirchlichen Lehrentscheidungen). Darum gibt es auch für heutige Theologen, wenn sie rechtgläubig bleiben wollen, kein Zurück hinter das Dogma von der jungfräulichen Empfängnis Jesu durch den Heiligen Geist. Das Lehramt der Kirche hat darüber zu wachen, dass dieser Glaubensinhalt nicht umgedeutet wird, während die Formulierungen noch als Worthülsen beibehalten werden. So hat ja die Essener Theologieprofessorin Uta Ranke-Heinemann erklärt: „Ich bekenne mich zum Glaubensbekenntnis der Kirche (Nicaeno-Constantinopolitánum und Apostolicum) und damit empfangen durch den Heiligen Geist, geboren von der Jungfrau Maria. Doch können nach meiner Überzeugung die neutestamentlichen Berichte von Matthäus und Lukas, innerhalb derer die Jungfrauengeburt ausgesagt wird, durchaus als Bildersprache ausgelegt werden und müssen nicht im Sinne eines modernen Begriffs von Historie streng historisch und in einem engeren biologischen Sinn verstanden werden." Das heißt, sie war bereit, die Formulierung des Credo zu akzeptieren, aber ihr einen anderen Sinn zu unterschieben. Auf diese Weise kann man auch die Auferstehung Christi umdeuten in „die Sache Christi geht weiter", ja sogar den Gottesglauben verfälschen in dem Sinn „Gott" sei nur „eine bestimmte Art der Mitmenschlichkeit" (Heinz Zahrnt).

Kardinal Joseph Ratzinger hat in seinem Büchlein „Die Tochter Zion" darauf aufmerksam gemacht, dass es bei der Frage um die Jungfrauengeburt, eigentlich gar nicht so sehr um die historische Frage geht, ob Maria Jesus auf jungfräuliche Weise empfangen hat, sondern letztlich „um zwei verschiedene Vorstellungen vom Verhältnis Gottes zu seiner Welt. – Die Vorstellung, dass das weltlich ganz Unwahrscheinliche auch das für Gott Unmögliche sei". Darin stecke die stille Voraussetzung, dass Gott die Geschichte nicht erreichen und nicht in sie eingreifen könne,- dass Gott die Naturgesetze nicht durchbrechen kann. „Wenn man den Voraussetzungen und Konsequenzen des Glaubens nachgeht", handelt es sich hierbei nicht – wie ein Journalist neulich schrieb – um einen `Nebenkampfplatz´, sondern letztlich um die Frage aller Fragen: Wer oder was ist Gott?" (J. Ratzinger, Die Tochter Zion S. 59).

Der Glaube der Kirche von der Geburt Jesu aus der Jungfrau Maria „ist nicht irgendein idyllischer Andachtswinkel im Gefüge neutestamentlichen Glaubens, nicht eine kleine Privatkapelle zweier Evangelisten" für fromme Seelen, die man im Zuge der Modernisierung der Kirche abreißen könnte. Es geht dabei letztlich um die Gottesfrage. Auch der Glaubenssatz „empfangen vom Heiligen Geist, geboren von Maria der Jungfrau" bezeugt den Glauben an den Gott der Bibel, den Gott, „der allein Wunder tut" (Ps 72,18), den Gott, „bei dem kein Ding unmöglich ist" (Lk 1,37).

Ob dieser Glaubenssatz für einen zum „Notstand" wird oder nicht, das hängt von der Grundeinstellung ab, mit der wir einer solchen Glaubenswahrheit begegnen. Wenn wir die zu kurze Elle unseres menschlichen Erfahrungswissens an Gottes Großtaten anlegen, muss es zum „Notstand" kommen. Unsere menschliche Engstirnigkeit nimmt Ärgernis, weil diese Wahrheit unsere Erfahrungswelt sprengt. Wenn wir aber darauf verzichten, den allmächtigen Gott, „bei dem kein Ding unmöglich ist" – wie der Engel ausdrücklich sagt – auf unseren kleinen Horizont einengen zu wollen, werden wir mit ehrfürchtigem Staunen erkennen, wie Gott mit der jungfräulichen Empfängnis Jesu durch den Heiligen Geist seine Schöpfungstat zu Anfang der Welt übertrifft.

Etwas von diesem ehrfürchtigen Staunen erklingt in Anton Bruckners Credo der e-moll Messe an der Stelle „et incarnatus est de Spiritu Sancto ex Maria virgine". Es ist das ein Glaubensbekenntnis des großen Meisters in Tönen. Wer es innerlich mitvollzieht, der kann nur gläubig und fromm auf die Knie gehen.

Ergänzende Literatur
Katechismus der Katholischen Kirche Kompendium Frage Nr. 94-99

2. KAPITEL

„GEBOREN VON DER JUNGFRAU MARIA"

Es gibt Bestrebungen aus sogenannten ökumenischen Rücksichten, die Gottesmutter an den Rand des katholischen Glaubensbewusstseins zu schieben. Das ist falsch. Auch unter ökumenischen Gesichtspunkten ist das falsch. Denn zur Ökumene der Christenheit gehören nicht nur die aus der Reformation hervorgegangenen christlichen Gemeinschaften des Westens, sondern auch die orientalischen Kirchen. Im Glauben der Ostkirchen nimmt der Glaube und die Verehrung der Gottesmutter eine hervorragende Stelle ein.
Es widerspricht ökumenischer Einstellung, nur einseitig auf eine Gruppierung zu achten. Außerdem müssen wir die protestantischen Mitchristen auf ihre eigene Tradition verweisen, z. B. auf die Marienpredigten der Reformatoren und auf das allen Christen gemeinsame apostolische Glaubensbekenntnis, in dem ja schließlich der Satz steht: „Geboren aus Maria, der Jungfrau."

Dass die Jungfrauengeburt nicht nur von liberalen protestantischen Theologen bestritten wird, aber von frommen evangelischen Christen nach wie vor geglaubt wird, ist bekannt. Auch von manchen katholischen Theologen wird heute diese Glaubenswahrheit aufgegeben. Bereits 1967 hat die erste römische Bischofssynode in ihrem „Dokument über die heutige Glaubenskrise" bedauert, dass „von gewissen Leuten einige Glaubenswahrheiten, unter anderem jene von der immerwährenden Jungfräulichkeit Mariens" in Zweifel gezogen werden (vgl. F. Holböck, Credimus. S. 126).

Um so mehr haben wir Veranlassung, dieses "älteste und grundlegende Mariendogma der Kirche" (J. Ratzinger, Tochter Zion S. 31) nicht zu ver- schweigen, sondern um so freimütiger zu verkünden, welches besagt: „Maria ist Jungfrau und Mutter, ja sie darf `Muttergottes´ genannt werden" (a.a.O. S. 32).

Schon im ältesten bekannten Mariengebet aus dem 3/4. Jahrhundert: „Unter deinen Schutz und Schirm fliehen wir, o heilige Gottesmutter", wird Maria unter diesem Titel angerufen. Auf dem Konzil von Ephesus (431) ist das „Gegenstand der ersten mariologischen Glaubenserklärung" (Lex. f. Theol. & Kirche VII Spalte 28). Damals ging es um die Abwehr der Irrlehre des Nestórius, wonach in Christus zwei Personen seien, die menschliche und die göttliche, und man könne Maria deshalb nur die Mutter des Menschen Jesus nennen. Die Auseinadersetzung konzentrierte sich darauf, ob Maria „Christotókos" oder „Theotókos" (Christusgebärerin oder Gottesgebärerin) genannt werden müsse. Selbst die Marktweiber von Ephesus gerieten sich darüber buchstäblich in die Haare.

Die Bezeichnung „Gottesmutter" ist Ausdruck dafür, dass in Mariens Mutterschoß der ewige Sohn des ewigen Vaters, die zweite Person, „einer aus der allerheiligsten Dreifaltigkeit" (Proklos von Konstantinopel +446), einen Menschenleib und eine Menschenseele, die menschliche Natur angenommen hat. Maria hat nicht nur einen menschlichen Körper geboren, sondern eine Person, eben den Gott-Menschen Jesus Christus.

Die Väter auf dem Konzil von Ephesus (431) kamen gar nicht darum herum, als den Glauben der Kirche an die Gottesmutterschaft Mariens feierlich zu bestätigen. Sie haben damit zugleich den Glauben der Kirche an die Menschwerdung des Gottessohnes verteidigt (Vgl. F. Holböck a.a.O. S.24/25). Sie folgten damit den Evangelisten Matthäus und Lukas, die sowohl die Menschwerdung des Gottessohnes als auch die Einheit von Muttersein und Jungfrausein Mariens bezeugen.

Am Abend des denkwürdigen Tages, da die Konzilsväter feierlich verkündeten, dass Maria Gottesmutter sei, veranstaltete die begeisterte Bevölkerung mit brennenden Fackeln eine Lichterprozession.

Freilich ist das heutzutage für nicht wenige ein Ärgernis. Ein bekanntes Nachrichtenmagazin hat in seiner Weihnachtsnummer 1967 eine Umfrage veröffentlicht über den Glauben des deutschen Volkes. Danach glaubten nur 36% der Deutschen, dass Jesus Christus von der Jungfrau Maria empfangen und geboren worden sei. Darunter waren nur 58% der katholischen Christen. „Fast jeder 2. Katholik und jeder 4. katholische Kirchgänger glaubt nicht an die jungfräuliche Empfängnis Jesu" (F. Holböck, Credimus S. 123/124).

Dass eine sexuell enthemmte Generation sich schwer tut mit der Glaubenswahrheit der Jungfräulichkeit Mariens, braucht nicht zu verwundern. Aber einen nicht geringen Anteil an Schuld tragen auch jene Theologen, die diese Glaubenswahrheit hinterfragen oder umdeuten, auch diejenigen, die bei der Verkündigung diese Wahrheit verschweigen. Selbst wenn das in der gutge- meinten Absicht geschehen sollte, den Menschen unserer Zeit Glaubens- schwierigkeiten aus dem Weg zu räumen, um so den Glauben zu erleichtern, ist das ein verhängnisvoller Irrtum. Denn es ist Aufgabe bei der Verkündigung des Glaubens, „die Großtaten Gottes" (Apg 2,11) zu bezeugen und nicht zu verschweigen. Merken wir denn nicht, wie man so vor Venus, Artemis und Astarte, die heute im Gewand einer emanzipierten Sexualität auftreten, Kniefälle macht? Vor der allerseligsten Jungfrau Maria und dem, was Gott an ihr Großes getan hat, ist man nicht bereit sich zu beugen.

Dabei steht Maria in einer Reihe mit den großen Frauengestalten des Alten Bundes, die als Unfruchtbare noch von Gott gesegnet werden, indem sie doch noch Mutter wurden: Sarah => Isaak, Rachel => Joseph, Hanna=> Samuel. Mit der Geburt Jesu von der Jungfrau Maria werden all diese alttestamentlichen Vorausbilder übertroffen. Sie, die „keinen Mann erkennt" (Lk 1,34), empfängt wider alle menschliche Erwartung und natürliche Voraussetzung das Kind, in dem sich alle Verheißungen Gottes erfüllen. Unabhängig voneinander bezeugen es Matthäus und Lukas, dass das, was an Maria geschehen ist, Wirken des Heiligen Geistes war. Derjenige, der von Ewigkeit her als Sohn des ewigen Vater existierte, sollte sein menschliches Leben nicht einem irdischen Vater verdanken. Nicht Menschenkraft sollte die Ursache der Menschwerdung des Gottessohnes sein, sondern „die Kraft des Allerhöchsten" (Lk 1,35).

Die Frage kann darum nicht heißen: muss ich das glauben, sondern darf ich das glauben, im Sinne freudigen Erstaunens darüber, dass „bei Gott nichts unmöglich ist" (Lk 1, 37). Wer meint, das als Zumutung ablehnen zu müssen, soll einmal bedenken, was ihm tagtäglich in den Medien an Nachrichten und Meinungen zugemutet wird. Ohne ihren Wahrheitsgehalt überprüfen zu können, und obwohl man nicht selten mit Manipulation, schon was die Auswahl der Meldungen angeht, rechnen muss, muten wir uns trotzdem eine Flut von unseriösen Informationen zu. Dabei „wüssten wir mehr, wenn wir weniger wüssten" (J. Bodamer). Ob wir uns nicht mehr Mut zum Glauben zumuten sollten?

Die holländische Bischöfe haben 1968 in einem marianischen Hirtenbrief bekannt: „Von Gott allein hat sie ihr verheißenes Kind empfangen, das durch keine menschliche Fruchtbarkeit Gestalt angenommen hat. Das ist der gläubige Sinn der jungfräulichen Geburt. Von Gott allein hat Maria empfangen, und nur für uns empfing sie ihn, der allein der Liebe Gottes zu verdanken ist" (Zitat bei F. Holböck a.a.O. S. 127, Fußnote 8).

Mit dem Glauben an das „geboren von der Jungfrau Maria" geben gläubige Christen Gott die Ehre. Mit dem Glauben der Millionen aller Zeiten bekennen sie auch heute: „Großes hat an" Maria „getan der Allmächtige" (Lk 1,49). Und „mit allen Geschlechtern" dürfen selbst noch Menschen im 21. Jahrhundert sie „selig preisen" (Lk 1, 48f).

Ergänzende Literatur
Katechismus der Katholischen Kirche Frage Nr. 94-100
Youcat Jugendkatechismus der Katholischen Kirche Nr. 80-85
I.&H.Obereder, Das unglaubliche Glaubensbuch S.45-48

3. KAPITEL

„UND IST MENSCH GEWORDEN"

Wenn beim feierlichen Hochamt an Weihnachten der Chor beim Credo singt: „et incarnatus est et homo factus est" geht überall auf dem Erdenrund, sei es in einer Dorfkirche oder Kathedrale oder im Petersdom zu Rom, der Priester mit der gesamten Ministration in die Knie zum Zeichen der Ehrfurcht vor dem Geheimnis der Menschwerdung des Gottessohnes.

Von den ältesten Zeiten der Christenheit an hat dieses Mysterium des Glaubens die Menschen bewegt und angeregt, den spekulativen Geist der Theologen und die geniale Schöpferkraft der Künstler nicht weniger als die fromme Phantasie des einfachen Volkes.

Zu allen Zeiten war und ist der Mensch aber auch in Versuchung, seinen eigenen Ideen, Einfällen und phantastischen Vorstellungen den Vorzug zu geben und ernster zu nehmen als dieses Glaubensgeheimnis. Der Verstand gerät allzu leicht beim Versuch, alles begreifen zu wollen, in Gefahr, sich der Wahrheit zu bemächtigen und das Geheimnis aufzulösen. So kam und kommt es immer wieder zu irrigen Lehren über diese Glaubenswahrheit.

Schon im Evangelium der dritten Weihnachtsmesse, dem Prolog des Johannes-Evangeliums begegnen wir nach Ansicht von Exegeten der Abwehr einer Irrlehre. Die Dokéten leugneten das wahre Menschsein Jesu Christi. Es war für ihre philosophischen Grundansichten unvorstellbar, dass Gottes geistiges Wesen sich mit einem materiellen Menschenleib verbindet. Darum meinten sie, die zweite Person Gottes, das ewige Wort des ewigen Vaters, habe nur einen Scheinleib angenommen. Doch dagegen verkündet das Johannes-Evangelium ganz massiv: „Und das Wort ist Fleisch geworden" (Joh 1,14). Und Paulus bringt in Phil 2,5 ff einen urchristlichen Hymnus, von der Selbstentäußerung des Gottessohnes, der auf sein Gottgleichsein verzichtet hat und den Menschen gleich wurde. Im ersten Johannesbrief ist sogar zu lesen: „Was wir mit unseren Augen gesehen, was unsere Hände angefasst haben, das verkünden wir: das Wort des Lebens" (1 Joh 1,1). Und Paulus zitiert im Philipperbrief einen urchristlichen Hymnus, in dem von der Selbstentäußerung des „Christus Jesus" die Rede ist, der auf sein Gottgleichsein verzichtet hat und „den Menschen gleich" wurde, dessen „Leben das eines Menschen war." (Phil 2,6f).

Während man sich in der Antike schwer tat mit dem Glauben an das wahre Menschsein Christi, tun sich Moderne schwer mit dem Gottsein Jesu Christi. Das ist das Ärgernis für nicht wenige heute, dass dieser Jesus von Nazareth nicht nur einer von uns, sondern der von Ewigkeit her existierende Sohn des ewigen Vaters ist: die zweite Person in der allerheiligsten Dreifaltigkeit. Im Kolosserbrief (1,17), ebenfalls in einem Hymnus, bezeugt Paulus: „Er ist vor aller Schöpfung." Darum heißt es in einem bekannten Weihnachtslied: „Der aller Welt das Dasein gab, in Knechtsgestalt steigt er herab."

Eben dieser Glaube kommt in manchen neuen Jesusbüchern zu kurz. Aber gerade das ist spezifisch christlicher Glaube: Jesus Christus, wahrer Gott und wahrer Mensch.

Das auf die Knie Gehen an Weihnachten bei der Stelle des Credo: „Er hat Fleisch angenommen durch den Heiligen Geist von der Jungfrau Maria und ist Mensch geworden", das ist ein Bekenntnis, dass dieses Kind in der Krippe von Bethlehem der Gott-Mensch ist. „Göttliches Kind, göttliches Kind, du der gottseligen Väter Verlangen..." beginnt eine Strophe eines Liedes zur Heiligen Nacht.

Die Doppelnatur Jesu Christi, das wahrer Gott und wahrer Mensch, diese Spannung gilt es auszuhalten, statt aufzuheben. Wer diese Spannung auflöst, löst die frohe Botschaft von Weihnachten auf, reißt ihr das Herz heraus. Für diejenigen, die sich dieser Spannung überlassen, für die wird das Glaubensgeheimnis der Menschwerdung Jesu Christi zur frohen Botschaft von Weihnachten. Johann Sebastian Bachs Weihnachtsoratorium bestätigt das.

Im Römerbrief 8,31 schreibt Paulus: „ER, der seinen Sohn für uns alle hingab, wie sollte er uns mit IHM nicht alles schenken!" Die Menschwerdung des Gottessohnes ist das wertvollste Weihnachtsgeschenk, das von keinem menschlichen Geschenk übertroffen werden kann. Es ist unbezahlbar: Gnade.

Dieser Glaube gab der Weihnachtspoesie der Dichter die innere Glut, den Werken der bildenden Kunst ihren verklärenden Glanz, der weihnachtlichen Musik ihren innigen Klang.

Allerdings wird der Freude und des Trostes der Weihnachtsbotschaft nur der inne, der sich ihr öffnet mit dem Herzen. Denn „man sieht nur mit dem

Herzen gut" (de Saint-Exupery). Im Lukasevangelium wird überliefert: „Maria bewahrte all diese Worte und erwog sie in ihrem Herzen" (2,19). Und Paulus wünscht den Christen in Ephesus, dass „Gott die Augen des Herzens erleuchte" (Eph 1,18). Ein Tipp für den Leser: Gott bitten, dass er unser Herz erleuchte, wenn es um solche Glaubensgeheimnisse geht.

Ergänzende Literatur
Katechismus der Katholischen Kirche Nr. 85-93
Youcat Jugendkatechismus der Katholischen Kirche Nr.72-79
 I. & H. Obereder Das unglaubliche Glaubensbuch S. 29-32
P. Seewald, Jesus Die Biografie S. 98-119

VIERTER GLAUBENSARTIKEL

„GELITTEN UNTER PONTIUS PILATUS, GEKREUZIGT, GESTORBEN UND BEGRABEN"
APOSTOLISCHES GLAUBENSBEKENNTNIS (APOSTÓLIKUM)

„ER WURDE FÜR UNS GEKREUZIGT UNTER PONTIUS PILATUS, HAT GELITTEN UND IST BEGRABEN WORDEN" (CREDO)

Beide Glaubensbekenntnisse gehen von der Menschwerdung des Gottessohnes direkt zu seinem Leiden und Sterben über. Es wird nichts von seinem öffentlichen Wirken, seiner Predigt, seinen Wundertaten gesagt. Das ist auffallend. Aber das zeigt, dass die Glaubensbekenntnisse nicht eine Kurzfassung der Evangelien sein wollen. Wohl sind die Evangelien, die Apostelgeschichte und Briefe darin vorausgesetzt. Es geht beim Glaubensbekenntnis um das Wesen des christlichen Glaubens. „Die wesentliche Voraussetzung und Grundlage der Person und Geschichte Jesu Christi..." ist darin „in bekennende(n), verbindlich antwortende(n) und zustimmende(n), rühmende(n) Sätze(n) formuliert" (H. Schlier).

Wenn die Glaubensbekenntnisse von der Menschwerdung direkt zum Leiden und Sterben Jesu Christi übergehen, dann deshalb, weil das Leben Jesu „von Anfang an im Gefälle des Todes stand" (W. Beinert), auf dieses Ziel zuläuft. Vgl. die mehrmaligen Ankündigungen Jesu von seinem Leiden und Sterben und Auferstehen in den Evangelien. „Musste nicht der Messias all das erleiden, um so in seine Herrlichkeit einzugehen?" (Lk 24,26) belehrt der Auferstandene die beiden Jünger am Osternachmittag auf dem Weg nach Emmaus.

Dieses „Muss", von dem Jesus schon zu seinen Lebzeiten gesprochen hat (vgl. Lk 9,22; 24,7; Mt 26,54), ist nichts anderes als der Plan Gottes zum Heil der Menschen (Jo 12,23 ff). Er ist „das Weizenkorn, das in die Erde fällt und stirbt" und so „reiche Frucht bringt" (Jo 12, 24). - Hinter diesem „Muss" steht für Jesus der Wille des himmlischen Vaters (Lk 18,31-33), auf den er antwortet mit seinem „Gehorsam bis zum Tod am Kreuz" (Phil 2.8), eben, weil er den Plan Gottes zum Heil der Menschen erfüllen will. „Jesus sehen wir um seines Todesleidens willen mit Herrlichkeit und Ehre gekrönt; es war nämlich Gottes gnädiger Wille, dass er für alle den Tod erlitt" (Hebr 2,9).

Das ist damals geschehen „unter Pontius Pilatus". Was hat der im Credo zu suchen? Er dient als Datum. Mehr nicht. Sein Name hält fest, dass das Leiden und Sterben Jesu zu einem ganz bestimmten Zeitpunkt der Geschichte sich ereignete, ein historisches Ereignis ist. Die Person Jesu Christi ist nicht eine Märchengestalt, das Produkt menschlicher Phantasie, wie eine sich kritisch gebende Wissenschaft im 19. Jahrhundert behauptete. Der Christusglaube ist alles andere als ein Mythos.

Das „Pontius Pilatus" im Credo erinnert auch daran, dass beim Leiden und Sterben Jesu Christi es schon zur Konfrontation mit dem römischen Staat kam, bereits vor der Zeit der Christenverfolgungen. In Johannes 18,28 - 19,22 ist das ausführlich in der Szene vom Verhör Jesu durch den römischen Statthalter überliefert. Dort wird deutlich: der absolute Herrschaftsanspruch des Staates wird in die Schranken verwiesen durch den Wahrheitsanspruch Christi, dessen „Reich nicht von dieser Welt" (Jo 18,36) ist.

„Gelitten, gekreuzigt, gestorben und begraben". Jedes dieser Worte stammt aus Vorformen unseres Glaubensbekenntnisses, wie sie uns in den Schriften des Neuen Testamentes begegnen. Wenn Lukas die Erlösertat Christi meint, spricht er von „leiden", Paulus gebraucht dafür das Wort „kreuzigen"(1 Kor 1,24). Und im ersten Korintherbrief zitiert er eine alte Glaubensformel. Dort heißt es: „Vor allem habe ich euch überliefert, was auch ich empfangen habe: Christus ist für unsere Sünden gestorben, gemäß der Schrift, und ist begraben worden..." (1 Kor 15,3).

Im apostolischen Glaubensbekenntnis und im Credo der heiligen Messe sind all diese Ausdrücke aneinandergereiht, damit ja nichts verloren geht von den altüberlieferten Glaubensformeln. Anscheinend hat man damals – im Gegensatz zu heute – eine festformulierte Glaubensüberlieferung (Tradition) nicht als Ballast empfunden, sondern hat die Formeln, so wie man kostbare Perlen oder Edelsteine fasst, im Glaubensbekenntnis zusammengefügt.

Durch diese Aneinanderreihung des „gelitten, gekreuzigt, gestorben und begraben" wird das Ereignis des Todes Christi in seinem ganzen Gewicht zur Sprache gebracht. Das „gelitten" verweist auf seine Passion. Die ganze Lei- densgeschichte ist darin eingeschlossen: der Tötungsbeschluss des Hohen Rates, der Verrat des Judas, das Seelenleiden im Garten Gethsemani, die Verhaftung, die Flucht der Jünger, die Verleugnung des Simon Petrus usw. bis hin zum Durst und zu den Todesqualen bei der Kreuzigung.

Das „gestorben" verweist auf das Ende des Lebens Jesu. Und dass dieses Ende für den irdischen Bereich unwiderruflich ist, das bekundet das „und begraben".

In den letzten Jahrzehnten ist die Behauptung aufgetaucht, Jesus sei gar nicht am Kreuz gestorben, er sei nur scheintod gewesen, seine Jünger hätten ihn wieder gesund gepflegt, bis hin zur absurden Behauptung, er sei dann nach Indien gegangen, habe dort geheiratet und Nachkommen gehabt. Wer die Zeugnisse des Neuen Testamentes ernst nimmt, kann nicht auf solche phantastischen Ideen kommen. Aber es zeigt, dass man sich am Kern des christlichen Glaubens vorbeimogeln will: Tod und Auferstehung Christi.

Die Botschaft vom Gekreuzigten war schon zur Zeit der Apostel ein Stein des Anstoßes. Für „Juden ein Ärgernis, für Heiden eine Torheit" (1 Kor 1,23). Kein Wunder, denn der Kreuzestod war die grausamste und schändlichste Hinrichtungsart der damaligen Zeit. Das Todesurteil für römische Bürger durfte deswegen nicht durch Kreuzigung vollstreckt werden. Ihre Hinrichtung geschah durch das Schwert. Während man Petrus in Rom gekreuzigt hat, wurde dagegen Paulus als Inhaber des römischen Bürgerrechtes (vgl. Apg 16,38; 22,25-29) enthauptet.
In 1 Kor 15, 3 ist dieses „gestorben und begraben" verbunden mit der Bemerkung „gemäß der Schrift". Das bedeutet: Jesu Tod war keine Panne in sei-

nem Leben, sein Ende am Kreuz war auch kein Regiefehler im Heilsplan Gottes (vgl. Hebr 2,9). Zwar meinten die Menschen, mit der Hinrichtung Jesu und seinem Begräbnis sei das letzte Wort gesprochen. Doch das „und ist begraben worden" ist nicht das Ende des Credo Es folgen noch weitere „und". Sowenig das „begraben" das letzte Wort über Christus gewesen ist, sowenig wird das „gestorben und begraben" das letzte Wort über uns sein.

Ergänzende Literatur
Katechismus der Katholischen Kirche Nr. 112-124
Youcat Jugendkatechismus der Katholischen Kirche Nr.194-103
P. Seewald, Jesus Die Biografie S. 593-665

FÜNFTER GLAUBENSARTIKEL

„HINABGESTIEGEN IN DAS REICH DES TODES
„AM DRITTEN TAGE AUFERSTANDEN VON DEN TOTEN"

1. KAPITEL

„HINABGESTIEGEN IN DAS REICH DES TODES"

In dem 1955 von den deutschen Bischöfen herausgegebenen Katholischen Katechismus der deutschen Bistümer steht noch die alte Formulierung „hinabgestiegen zu der Hölle". Und im erklärenden Text heißt es: „Die Seele Jesu begab sich nach seinem Tode in die Vorhölle zu den Seelen der verstorbenen Gerechten ... Der Ort, an dem sich die Seelen der verstorbenen Gerechten befanden, heißt im Glaubensbekenntnis „Hölle" (altdeutsch „hella"= Totenreich).Um ihn vom Ort der Verdammten zu unterscheiden, nennen wir ihn „Vorhölle" (S. 60). Der lateinische Text im apostolischen Glaubensbekenntnis „descendit ad inferos" ist bei Neuner/Roos übersetzt mit: „Niedergestiegen zu denen in der Unterwelt" (Der Glaube der Kirche in den Urkunden der Lehrverkündigung, 2. Auflage 1947 herausgegeben und sprachlich überarbeitet von Karl Rahner S.415). Diese Übersetzung berücksichtigt, dass dem Text des Glaubensbekenntnisses die antike Vorstellung des Infernum oder oder des Hades, bei den Juden der Scheol, zugrunde liegt, welche einfach das Toten - reich bezeichnet. Dem entsprechend lautet die neue deutsche Übersetzung „Reich des Todes". Vor einigen Jahren haben Archäologen in Jerusalem die Grabanlage der Familie des Hohenpriesters Kajaphas entdeckt. Auf der Grabbank in der Felsengruft lag noch das Skelett einer jungen Frau, in der Mundhöhle des Schädels befand sich eine Münze. Anscheinend hatte man der Toten noch das Fährgeld für Charon mitgegeben, der nach griechisch-römischer Vorstellung im Hades die Seelen der Verstorbenen zur Toteninsel übersetzte. Die Saddzuäer, der die Hohepriesterfamilie angehörte, glaubten ja nicht – im Unterschied zu den Pharisäern – an eine Auferstehung (vgl Apg 23,8).

Der Passus vom Hinabstieg Christi in das Reich des Todes fehlt im Credo, dem nizäno-konstantinopolitánschen Glaubensbekenntnis, er kam erst im fünften Jahrhundert in Spanien und Gallien in das apostolische Glaubensbekenntnis.

Das „hinabgestiegen in das Reich des Todes" ist die Konsequenz aus dem „gestorben und begraben". Wenn der Sohn Gottes wahrer Mensche wurde und ein Menschenschicksal auf sich nahm, einschließlich des Sterbens, dann gehört dazu auch, dass seine menschliche Seele im Tod das Los aller Menschenseelen teilt, eben dieses Hinab zu den Seelen der Verstorbenen in den Bereich des Todes. Damit sind alle Hypothesen, Jesus sei nur scheintot gewesen, unbewiesene Behauptungen. Sie widersprechen dam ausdrücklichen Zeugnis des Johannes von der Durchbohrung der Seite Jesu, die der römische Soldat zur Feststellung des Todes mit dem Lanzenstich vornimmt (vgl. Joh 19,33f).

Dabei müssen wir uns klar darüber sein, dass es sich beim Hinab ins Totenreich nicht um eine räumliche Ortsangabe handelt, sondern um einen geistigen Bereich, den Bereich der Seelen der Verstorbenen. Der Satz des 5. Glaubensartikels „hinabgestiegen in das Reich des Todes" gibt Antwort auf die Frage, was war mit der Seele Christi nach seinem Verscheiden am Kreuz bis zur Auferstehung am Ostermorgen. Die „Hölle" im Sinn der ewigen Verdammnis kam für Christi Seele nicht infrage. Auch das sogenannte „Fegfeuer", der Läuterungsprozess von mit Sündenmängeln behafteten und unterworfenen Seelen, war für ihn nicht angemessen, weil er „ohne Sünde" (Hebr 4,15) gewesen ist. Darum hat die katholische Glau-bensüberlieferung angenommen, dass die Seele Jesu nach seinem Sterben am Kreuz in jenem Bereich sich aufhielt, in dem die Gerechten und Heiligen des Alten Bundes sich befanden.

Diese bedurften zwar keiner Läuterung mehr, aber die beseligende Gottesschau war ihnen bis zur Himmelfahrt Jesu noch nicht zugänglich.
Im vierten Hochgebet der Messe heißt es unmittelbar nach der heiligen Wandlung: „Darum, gütiger Vater, feiern wir das Gedächtnis unserer Erlösung. Wir verkünden den Tod deines Sohnes und sein Hinabsteigen zu den Vätern" In der Feier des Kirchenjahres entspricht diesem Ereignis der Karsamstag. An ihm gedenkt die Kirche nicht nur der Grabesruhe des Herrn, sondern auch seines „Hinabsteigens zu den Vätern", das sind z.B. Abraham, die Patriarchen, Propheten, Johannes der Täufer und andere Gerechte des Alten Bundes.

Welchen Sinn und Bedeutung hat dieser Glaubensartikel? Auch von ihm gilt der Satz des Credos: „für uns Menschen und zu unserem Heil ist er vom Himmel herabgekommen". Zum Herabstieg des Erlösers gehört nicht nur Bethlehem, sondern auch Golgatha. Die „Selbstentäußerung" Christi, von der Paulus im Philipperbrief schreibt, macht nicht halt beim Kreuz, sie geht bis zur untersten Tiefe des Todes. „In allem uns gleich, außer der Sünde" (Hebr 2,9). Auch dieses „Hinabsteigen in das Reich des Todes", gehört noch zum Erlösungsgeschehen.

Die Ostkirche hat in ihren Gotteshäusern als Osterikone, die Darstellung der „Höllenfahrt" Christi. Es ist eine sinnbildliche Darstellung des fünften Glaubensartikels. Sie zeigt Christus im Totenreich stehend auf zwei in Kreuzform übereinanderliegenden Torflügeln, den Pforten des Totenreiches, die er aufgebrochen hat durch seinen Kreuzestod. Mit der einen Hand zieht er Adam und mit der anderen Eva aus dem Grab, dahinter stehen die Gestalten derer, die auf die Erlösung harren (vgl. Ch. Walter, Das große Buch der Ikonen Abbildung S. 175; eine Erklärung der Symbolik findet sich in Skrobucha, Meisterwerke der Ikonenmalerei S.261/262).

Während die Ostkirche das Hinabsteigen der Seele Christi im Licht des Ostergeheimnisses betrachtet, sehen die Christen der aus der Reformation hervorgegangenen kirchlichen Gemeinschaften den Hinabstieg Christi in das Reich des Todes unter dem Gesichtspunkt des Kreuzes und des Erlöserleidens. Calvin z.B. meinte, die Seele Christi habe selbst die Qualen der Hölle erlitten. Bei der Einführung der ökumenischen Übersetzung des apostolischen Glaubensbekenntnisses haben Vertreter einer evangelischen Gruppe protestiert, weil es nicht mehr heißt „Abgestiegen zu der Hölle".

Das ist nur zu verstehen auf dem Hintergrund der calvinischen Sicht, wonach die Seele Christi auch die Höllenqualen erlitten habe. Nach Luther hat Jesus am Kreuz in seiner Gottverlassenheit Höllenqualen erduldet.

Hans Urs von Balthasar, hat die Schriften einer modernen Mystikerin herausgegeben, der Schweizer Ärztin Adrienne von Speyr (+ 1965). Diese hat seit 1941 Jahr für Jahr in den Kartagen die Leidenszustände des Herrn mitgelitten. Dabei spielte auch der „Abstieg zur Hölle" von Karfreitagnachmittag bis in die Morgenstunden des Ostersonntags eine besondere Rolle. Sie erlebte mit das „Grauen der von den Menschen getrennten Sünde", „das Bewusstsein, Gott endgültig verloren zu haben", „das Versinken im Chaosschlamm der Widergöttlichkeit", das „Nichtzuhandensein von Glaube, Hoffnung und Liebe..." (H.U. von Balthasar, Erster Blick auf Adrienne von Speyr S.58-59). „Adriennes Erfahrung, die in der Theologiegeschichte einmalig" ist (a.a.O. S. 59) geht in Richtung von Calvins Auffassung. Man muss wissen, dass A.v. Speyr ursprünglich reformiert war, bevor sie zur katholischen Kirche konvertierte. (Zur Problematik von Privatoffenbarungen siehe das Kapitel „Selig, die nicht sehen und doch glauben" ab Seite 132).

Die beiden Gesichtspunkte der „Höllenfahrt Christi", der ostkirchlichen vom Ostergeheimnis her und der reformatorischen, müssen einander nicht ausschlie- ßen, sondern können einander u.U. ergänzen. Der erste Teil des 5. Glaubensartikels offenbart die Solidarität Christi mit uns Menschen über das Sterben hinaus bis in die letzten und äußersten Bereich des Todes, bis an die Grenze zum „zweiten Tod" (Offb 2,11), der Hölle. Vom Abstieg der Seele Jesu in das Reich des Todes gilt: „damit er durch den Tod jenen entmachte, der die Gewalt des Todes hatte, nämlich den Teufel, und alle die zu erlösen, die durch Todesfurcht ihr ganzes Leben lang in Knecht- schaft gehalten wurden" (Hebr 2,19f). Wenn es einmal mit uns zu Ende geht, wenn keiner mehr uns helfend beistehen kann, ist ER unser Trost und unsere Zuversicht, der für uns in die tiefste Tiefe des Todes hinabgestiegen ist und uns durch den Tod hindurch den Weg zum Vater in den Himmel gebahnt hat. Darum können wir mit Paulus ausrufen: „Tod, wo ist dein Stachel? Tod. Wo ist dein Sieg" (1 Kor 15, 55)!

Ergänzende Literatur
Katechismus der Katholischen Kirche Nr 125
Youcat Jugendkatechismus der Katholischen Kirche Nr. 103

2. KAPITEL

„AUFERSTANDEN VON DEN TOTEN"

Die Auferstehung Christi ist Stern und Kern der Frohen Botschaft. Mit ihr steht und fällt der christliche Glaube. So bekennt es die Kirche und mit ihr die Christenheit von jeher. Die Frage ist nur, ob alle heute noch mit den gleichen Worten da Gleiche meinen. Jesus sei „in das Kerygma (die Glaubensverkündigung) auferstanden" (R.Bultman). „Der Glaube an die Auferstehung" sei „eine altchristliche Asdruckform ... die wir heute nicht als für uns verbindlich empfinden könnten" (H.Braun), „Ostern" bedeute: „Die Sache Jesu" gehe „weiter" (W. Marxsen).

Man beruft sich gern auf die „intellektuelle Redlichkeit". Aber wo bleibt bei solchen Umdeutungen noch die Redlichkeit des Glaubens, die Redlichkeit auch gegenüber den ersten Zeugen des Auferstandenen?

Der jüdische Theologe Pinchas Lapide schreibt mit Recht: „Eines dürfen wir mit Sicherheit annehmen: an ausgeklügelte Theologenweisheit haben weder der Zwölferkreis noch die Urgemeinde geglaubt (s. Auferstehung S. 78) und er bekennt: „Ich bin ganz überzeugt, die Zwölf aus Galiläa, die insgesamt Bauern, Hirten und Fischer waren – kein einziger Theologieprofessor war unter ihnen zu finden – wären von wissenschaftlichen Theologumina (lehrmäßige Darlegungen, welche den Glauben unter heutigen kulturellen und geistigen Umweltbedingungen verständlich machen sollen) wie Karl Rahner oder Rudolf Bultmann sie schreibt, total unbeeindruckt geblieben. Und wenn sie durch so ein konkret-historisches Ereignis wie die Kreuzigung so total verzweifelt und niedergeschlagen waren, wie alle vier Evangelisten berichten, so bedurfte es eines nicht weniger konkreten historischen Ereignisses, um sie aus der Talsohle der Verzweiflung herauszuführen und binnen kurzer Zeit in eine himmelhoch jauchzende Heilsgemeinde zu verwandeln" (Pinchas Lapide, Jüdischer Monotheismus und christliche Trinitätslehre, S 48). Die Botschaft von der Auferstehung Jesu ist nicht das Produkt erregter Phantasie oder frommer Erwartungen, sondern umgekehrt ist der Osterglaube die Reaktion auf die Ereignisse des Ostertages. Die Osterevangelien lassen noch etwas verspüren von den sich überschlagenden Geschehnissen und Erlebnissen der Jünger in jenen Tagen. Die Evangelisten sahen sich vor die

Tatsache gestellt, einerseits betonen zu müssen, dass Christus nicht in das diesseitige Leben zurückgekehrt ist, wie etwa der Jüngling von Naim oder die Tochter des Jairus, die Jesus aus dem Tode auferweckt hatte, sondern dass er in eine neue jenseitige Daseinsweise auferstanden ist.

Andererseits standen die Evangelisten vor der Aufgabe, zu betonen, dass Christus nicht nur in der Erinnerung seiner Jünger weiterlebt oder in seiner Sache weiterexistiert, wie etwa der Künstler in seinem Werk oder der Philosoph in seinen Ideen. Sondern dass seine Person, seine Seele mit seinem Leib wieder vereinigt, in einer stärkeren Realität nun existiert als sie es im irdischen Leben tat, nämlich in himmlischer Verklärung. Der Auferstandene tritt nämlich bei verschlossenen Türen in die Mitte der Jünger, er trägt die Wundmale der Kreuzigung (Joh 20,19) und er verschwindet vor ihren Augen (Lk 24,31). Aufgrund der Erlebnisse der Zeugen sahen sich die Evangelisten veranlasst hervorzuheben, dass der unter Pilatus Gekreuzigte und der Auferstandene identisch sind. Ein „vorösterlicher" und „nachösterlicher" Christus moderner Theologen war ihnen fremd. Der Christus, den wir Christen als den Auferstandenen bekennen und anbeten, ist derselbe, wie der, mit dem die Jünger zusammen waren, „angefangen von der Taufe des Johannes bis hin zu seiner Aufnahme (in den Himmel)" (Apg 1,22f) In allen seinen Aussagen vor dem Jerusalemer Volk und vor dem Hohen Rat bezeugt Simon Petrus, dass der Gekreuzigte und der Auferstandene derselbe ist (vgl Apg 2.2ff.31f; 3,15; 4,9ff).

Christus ist auferstanden in ein Leben, das nicht mehr biologischen und chemisch-physikalischen Gesetzen unterliegt und damit der Vergänglichkeit, dem Zerfall unterworfen, den Todeskeim in sich trägt. Auferstehung Christi bedeutet kein Zurück, sondern ein Vorwärts, ein aufwärts in den göttlichen Bereich, in das himmlische Leben, in die „„„Herrlichkeit Gottes, des Vaters" (so die frühere Übersetzung von Phil 2,11 und dem entsprechend endete auch das Gloria der heiligen Messe: „Jesus Christus... in der Herrlichkeit Gottes, des Vaters").

Wenn darum der Auferstanden den Jüngern erscheint, dann ist das nicht ein weniger an Realität als in seinem Erdenleben, sondern ein mehr an Wirklichkeit. Wer da von „nur" Erscheinungen meint sprechen zu sollen, wird der neuen Auferstehungswirklichkeit nicht gerecht. „Nur", das besagt ein weniger, wo es sich in Wahrheit um ein „mehr" handelt. „Nur", das deutet ein rein subjektives Erlebnis an, wo es sich tatsächlich um eine vom Subjekt unabhängige Gegebenheit handelt. Der Auferstandene existiert unabhängig vom Sehen der Jünger. Er gibt sich zu erkennen, er erscheint, dem, dem er erscheinen will (vgl Apg 10,41). Es handelt sich dabei um ein Offenbarungs- geschehen, dessen Bedingungen nicht wir Menschen festlegen können, so wie wir die Bedingungen eines Experimentes festlegen.

Der Auferstandene taucht auf und entschwindet den Blicken der Jünger, ohne dass diese etwas dazutun oder verhindern können. Er unterliegt nicht mehr menschlichem Zugriff, wie bei der Verhaftung in Gethsemani, sondern umge- kehrt, die Jünger unterliegen seinem Zugriff. Saulus vor Damaskus erfährt diesen Zugriff des Auferstanden so real, dass er zu Boden geschleudert wird und als Geblendeter sich nach Damaskus führen lassen muss. Wem der Auferstandene in solcher Weise begegnet, ist so gepackt von seiner Wirklichkeit, dass alle irdischen Realitäten davor verblassen. Mit dem Ausruf: „Der Herr ist wahrhaft auferstanden und dem Simon erschienen"(Lk 24,34) empfangen die in Jerusalem versammelten Elf und die anderen Jünger die zwei von Emmaus Zurückkehrenden, noch bevor diese selber berichten konnten, was sie erlebt hatten.

Der Schweizer protestantische Theologe „Karl Barth hat darauf aufmerksam gemacht, dass es in der Geschichte Jesu zwei Punkte gibt, an denen Gottes Wirken unmittelbar in die materielle Welt eingreift: die Geburt aus der Jungfrau und die Auferstehung aus dem Grab, in dem Jesus nicht geblieben und nicht verwest ist. Diese beiden Punkte sind ein Skandal für den modernen Geist. Gott darf in Ideen und Gedanken wirken, im Geistigen – aber nicht an der Materie. Das stört. Da gehört er nicht hin. Aber gerade darum geht es, dass Gott Gott ist und sich nicht nur in Iden bewegt. Insofern geht es bei beiden Punkten um das Gottsein Gottes selbst". (Joseph Ratzinger/Benedikt XVI. Jesus v. Nazareth, Die Kindheitsgeschichten S. 64f).

Der Glaubensartikel „auferstanden von den Toten" ist das Fundament des christlichen Glaubens. Daran hängt alles andere, auch „die Auferstehung von den Toten und das ewige Leben". Massiv und geradezu brutal bringt Paulus das den Korinthern zu Bewusstsein: „Wenn Christus nicht auferweckt worden ist, dann ist unsere Verkündigung Bluff und euer Glaube sinnlos ... dann lasst uns essen und trinken, denn morgen sind wir tot" (vgl. 1 Kor 15,14.32).

Vielleicht versteht man jetzt, warum ich dem Leser nicht die Erkenntnisse der historisch-kritischen Exegese zumute. Weil ich mir selber nicht zumute über eine Brücke zu gehen, von der nicht sicher ist, ob sie morgen von ihren Konstrukteuren wieder abgerissen wird oder infolge der geistigen Erdbeben unserer Zeit einstürzt. Es empfiehlt sich nur, der Brücke der Glaubenszeugen zu trauen, die für ihre Glaubensgewissheit in den Tod gegangen sind, angefangen von jenen Martyrern, die im römischen Circus Maximus von den Bestien zerrissen wurden, bis hin zu jenen, die in Plötzensee gehenkt oder in den Lagern des Archipel Gulag zu Tode gequält wurden.

Die Interpretationen moderner Theologen müssen erst noch ihren Gütetest angesichts der Todes bestehen. Der Glaube von Millionen christlicher Martyrer aller Jahrhunderte hat diesen Test bestanden. Es war der Glaube eines Apostels Paulus: „Der Jesus von den Toten erweckt hat, wird auch eure sterblichen Leiber auferwecken" (Röm 8,11). Dieser Glaube eröffnet uns die wahre Zukunft. Eine Zukunft, vor der uns nicht zu grauen braucht, eine Zukunft, die nicht enttäuschen wird. Die Zukunft dessen, der da „am dritten Tage auferstanden ist von den Toten" (Apostolisches Glaubensbekenntnis).

Im Jahre 1867 wurde in England eine Vereinigung von Gelehrten gegründet, die es sich zur Aufgabe machte, durch wissenschaftliche Kritik die Grundlagen des Christentums zu zerstören. An ihrer Spitze stand der Philosoph Lord Brighton. In einer Rede an der Universität Oxford kündigte er eines Tages an, er werde sich in einem mehrjährigen Studium ausschließlich der mit der Frage der Auferstehung Christi beschäftigen; denn mit dem Glauben an die Auferstehung Jesu stehe und falle das ganze Christentum.

Am 3. Mai 1870 luden die Londoner Zeitungen zu einem öffentlichen Vortrag ein, in dem Lord Brighton die Ergebnisse seiner Studien über die Auferstehung Jesu bekannt machen werde. Alles was unter den Gelehrten Rang und Namen hatte, war vertreten. Unter höchster Spannung der Zuhörer betrat Lord Brighton das Rednerpult und begann: „Meine Herren, der Wahrheit, und nur der Wahrheit zu dienen war von jeher der heißeste Wunsch meines Lebens. Der Wahrheit die Ehre zu geben, stehe ich vor Ihnen. Meine Rede wird kurz sein. Sie wird in einer einfachen Erklärung bestehen: Drei Jahre habe ich gearbeitet, um den Glauben an die Auferstehung Jesu zu besiegen; aber dieser Glaube hat mich besiegt. Ich sehe Ihr Erstaunen; aber hören Sie weiter! Meine Forschungen haben mir gezeigt, dass vom offenen

Grabe Jesu zu Jerusalem ein schnurgerader Weg führt nach Sankt Peter in Rom. Ich bin entschlossen, katholisch zu werden." (Quelle: Koch, Homiletisches Handbuch XI Nr 277,2).

Als in den zwanziger Jahren die Kommunisten die russische Bevölkerung zum Atheismus umerziehen wollten, wurden Versammlungen anberaumt, in denen Parteiredner den Leuten klarmachten, dass Religion und der Glaube überholt seien. Bei einer solchen Veranstaltung passierte es, dass aus der Zuhörerschaft einer den russischen Ostergruß rief: „Christós voskréss! Christus ist auferstanden! Und die Menge antwortete mit dem lauten Ruf: „Voistinu voskréss! Er ist wahrhaft auferstanden!"

**DAS GRABTUCH VON TURIN - STUMMER ZEUGE
DES TODES UND DER AUFERSTEHUNG**

Beim Grabtuch von Turin handelt es sich um ein circa 442 cm x 113 cm großes Stück antiken Leinentuches, „auf dem man schattenhaft die Umrisse eines gefolterten und gekreuzigten Mannes sieht" (G. Wally). Seit über hundert Jahren beschäftigen sich damit Experten der verschiedensten Wissenschaften, nachdem der Fotoamateur Secondo Pia, Jurist und Bürgermeister von Asti 1898 Aufnahmen machen konnte. Als er die 50 x 60 cm große Fotoplatte „aus dem Entwicklerbad nahm, erblickte er auf der Platte, auf der normalerweise ein `Negativ´ erscheint, ein positives Bild, des auf dem Tuch abgebildeten Leichnams" (w. Bulst). Im Jahre 1931 machte ein führender Berufsfotograf, Guiseppe Enri mit modernster technischen Ausrüstung exzellente Aufnahmen, die auch siebenfache Vergrößerungen von Details zuließen. „Kunst- und Textilhistoriker, vor allem Gerichtsmediziner hatten jetzt eine solide Grund- lage" (W. Bulst) für ihre Untersuchungen. Der kunsttechnische und stilge- schichtliche Vergleich mit Christusbildern großer Meister ergab, „dass wir im Turiner Tuchbild etwa anderes vor uns haben als irgendein Christusbild der Kunstgeschichte" (W. Bulst). Die gerichtsmedizinischen Untersuchungen erbrachten Ergebnisse, die den von den Evangelisten überlieferten Einzelheiten der Passion Jesu entsprachen. Nasaexperten erstellten eine dreidimensionale Abbildung des auf dem Tuch sichtbaren Körpers her. Dabei stieß man darauf, das auf den Augenlidern des Gekreuzigten römische Münzen lagen, die von Münzforschern auf Grund von besonderen Merkmalen als aus der Zeit des römischen Statthalters Pontius Pilatus identifiziert werden konnten. Auf grund von Blütenpollen auf dem Tuch, die er am Elektronenmikroskop untersucht hatte, konnte der Züricher Kriminologe Professor Frei feststellen, dass das Tuch seinen Weg von den Wüstengebieten der Jerusalemer Umgebung über Syrien, Konstantinopel, Südfrankreich nach Europa genommen haben muss. Dazu unternahm er eigens mehrere Forschungsreisen in die betreffenden Gegenden.

Das große Rätsel: wie konnte ein solches Abbild auf dem Turiner Tuch entstehen? Die Untersuchung der Blutspuren ergab, dass der Leichnam des Gekreuzigten keine Spuren der Verwesung aufweist; ferner, dass er nicht länger als 36 bis 40 Stunden in dem Tuch gelegen haben kann. Die unverletzten Blutkrusten und das unbeschädigte Textilgewebe deuten auf eine Entmaterialisierung des Leichnams hin, als er das Tuch verlassen haben muss, ohne an den angeklebten Stellen irgendwelche Verzerrungen oder Beschädigungen des Stoffes zu hinterlassen. „Bei diesem rätselhaften Verschwinden des Körpers aus dem Tuch muss es zu einer für die Wissenschaft noch unerklärbaren E-Emission (Energie-Explosion) aus dem Leichnam gekommen sein, die für die Bildentstehung verantwortlich ist. Das Körperbild scheint demnach auf ein orthogonales (rechtwinkliges) Aufblitzen des Leichnams (innerhalb einer Nanosekunde (milliardste Sekunde!) zurückgehen, wodurch die Fibrinolyse (Bluterweichung bei einem Leichnam) beendet und die `Materie´ des Körpers in `Licht´ gewandelt wurde" (Mag. Gertraud Wally) .

Quellen:
W. Bulst SJ Das Grabtuch von Turin - Zugang zum historischen Jesus?
W. Bulst, SJ Das Turiner Grabtuch neue Forschungen
F. L. Filas SJ. Die Datierung des Turiner Grabtuchs nach Münzen des Pontius Pilatus; St. Athanasius-Bote Februar 2012 S. 1-5

Ergänzende Literatur
I.& H. Obereder, Das unglaubliche Glaubensbuch S 164-166
G. Wally, Er sah und glaubte, Grabtuch von Turin , Schweißtuch von Oviedo. 2 Reliquien für das dritte Jahrtausend

SECHSTER GLAUBENSARTIKEL

„AUFGEFAHREN IN DEN HIMMEL, SITZET ER ZUR RECHTEN GOTTES, DES ALLMÄCHTIGEN VATERS"

Dieser Artikel des Glaubensbekenntnisses gilt heute bei manchen als „Musterbeispiel der Bindung der christlichen Botschaft an ein längst überholtes Weltbild" (A. Vögtle zitiert in G. Rein, Das Glaubensbekenntnis S 41).

Im antiken Weltbild hat man sich die Erde als Scheibe vorgestellt, über der wie eine Käseglocke der Himmel mit mehreren Stockwerken wölbt. Die oberste Etage galt als Wohnung Gottes, in den unteren Etagen wohnten die Engel und hausten die Dämonen. Nach jüdischer Vorstellung gab es drei bis sieben Himmel; im „dritten Himmel" (2 Kor 12,2) war das Paradies, der unterste Himmel war das Sternengewölbe.

Antikes Weltbild hin, modernes Weltbild her. „Die Frage ob damaliges oder heutiges Weltbild, trifft ja gar nicht den Kern der Sache, um die es hier (bei der Himmelfahrt Christi) geht, nämlich um einen „Vorgang, der als solcher jen- seits aller irdisch denkbaren – und vorstellbaren – Dimensionen"(A. Vögtle a.a.O. S 44) angesiedelt ist. Es handelt sich um das ganz und gar wunderbare Ereignis, wonach Jesus bei seiner Auferstehung in die himmlische Daseinsweise, zum „Vater" (Joh 14,28), „erhoben wurde" (Apg 1,9). So gesehen wäre die Himmelfahrt Christi ein anderer Gesichtspunkt der Auferstehung, sozusagen zwei Seiten der gleichen Münze. Das Neue Testament gebraucht dafür den Ausdruck „Erhöhung" (Joh 12,32; Apg 2,33; 5,31; Phil 2,9). Die „Erhöhung" Christi ist das Gegenstück zu seiner „Erniedrigung", die ihn „bis zum Tod am Kreuz" (Phil 2,8) führte.

Es geht bei der Himmelfahrt Jesu um die Teilnahme an der „Herrlichkeit Gottes, des Vaters" (Phil 2,11). Das ist das Ziel seiner Auferstehung (vgl Lk 24,26). Die „Verherrlichung" bzw. „Erhöhung" Jesu hat zwei Seiten: Auferstehung und Himmelfahrt, Auferweckung und Sitzen zur Rechten Gottes. In seiner Rede vor dem Hohen Rat, nach der Verhaftung auf dem Tempelplatz, sagt Petrus: „Der Gott unserer Väter hat Jesus auferweckt, den ihr ans Holz gehenkt und ermordet habt. Ihn hat Gott als Herrscher und Retter an seine rechte Seite erhoben..." (Apg 5,30f).

Lukas erwähnt am Ende seines Evangeliums als auch am Anfang seiner Apostelgeschichte den Weggang Jesu von den Jüngern als ein „zum Himmel emporgehoben" Werden (Lk 24,31). In Apg 1,9 berichtet er sogar, dass Jesus „vor ihren Augen emporgehoben wurde, und eine Wolke ihn aufnahm und ihren Blicken entzog". Die Wolke ist an verschiednen Stellen der Bibel das Zeichen der Gegenwart Gottes. Vgl. die Wolke beim Wüstenzug der Israeliten, bei der Gotteserscheinung am Sinai, bei der Tempelweihe Salomos.

Auch bei den Erscheinungen der Gottesmutter in Fatima bildete sich eine Wolke über der Steineiche, wo die drei Kinder die „schöne Dame" sahen, die erst bei der sechsten, der letzten Erscheinung im 19. Oktober 1917 ihr Inkognito auf dreimaliges Fragen Lucias hin endlich offenbarte als die „Rosenkranzkönigin" (L. Gonzaga da Fonseca, Maria spricht zur Welt, 8. Auflage, S. 91).

Lukas dürfte sich durchaus bewusst gewesen sein, dass das eigentliche Ereignisder Teilnahme des Auferstandenen an der himmlischen Herrlichkeit Gottes, des Vaters, im äußeren Vorgang des Hinaufschwebens der Gestalt Jesu nicht sichtbar werden konnte, sondern nur sinnbildhaft angedeutet werden konnte. Nicht umsonst entzieht eine Wolke den zum Himmel Auffahrenden den Blicken der ihm fasziniert nachschauenden Jüngern.

Lukas, „der geliebte Arzt" (Kol 4,14) war ja zeitweiliger Begleiter des Apostels Paulus, der auf das eigentliche Geschehen der Himmelfahrt Jesu in seinen Briefen zu sprechen kommt, welches ist mit den leiblichen Augen nicht wahrnehmbar ist. Dazu braucht es die Erleuchtung „der Augen des Herzens" (Eph 1,18). Dem natürlichen Erkenntnisvermögen des Menschen ist das nicht zugänglich Es bedarf dazu „den Geist der Weisheit und der Offenbarung" (Eph 1,17). Paulus überbietet sich im Epheserbrief 1,17-23 geradezu mit immer neuen sich steigernden Worten und Begriffen. Denn die menschliche Sprache gibt das nicht her, was dazu zu sagen wäre. An dem wunderbaren Geschehen, das wir mit einfältigen Worten „Himmelfahrt Christi" nennen, erweist sich Gottes überwältigende Macht.

Paulus gebraucht hier vier verschiedene griechische Ausdrücke für das mächtige Wirken Gottes, die er obendrein noch mit einer doppelten Steigerung einleitet, wenn er von deren „überragenden Größe" (Eph 1,19) spricht. Die ganze Fülle der Wucht Gottes explodiert sozusagen bei diesem Ereignis.

Paulus nennt hier die Erweckung Jesu vom Tode und sein in den Himmel zur Rechten des Vaters Erhobenwerden in einem Atemzug. Ostern und Himmelfahrt sind Ausgangs- und Endpunkt eines in sich zusammenhängenden Ereignisses. Im Johannesevangelium wird dafür der Ausdruck „Erhöhung" gebraucht.

Wie unzulängliche all unser Reden und unsere Vorstellungen davon sind, spüren wir, wenn Paulus selber diese Aussagen vom „Platz im Himmel zur Rechten" Gottes (Eph 1,20) noch zu steigern versucht, indem er schreibt, Christus sei „hoch über alle Fürsten und Gewalten, Mächte und Herrschaften" erhoben. Das sind keine Ortsangaben, sondern Personenangaben. „Fürsten, Gewalten, Mächte und Herrschaften" sind jüdische Bezeichnungen der himmlischen Engelshierarchien. Auch der „Platz zur Rechten" Gottes ist keine Ortsbezeichnung, sondern Würde- und Autoritätsklassifizierung. „Über jeden Namen" und Rang „dieser und der künftigen Welt" (Eph 1,21) ist Christus erhaben. Hoch über allen Stufen und Rängen himmlischer Hierarchien, ganz oben an der Spitze, wo es nicht mehr höher hinaufgeht – den göttlichen Gipfel nimmt Christus ein. Eben die Stelle, die er von Ewigkeit her zusammen mit dem Vater und dem Heiligen Geist innehat, die nimmt der menschgewordene Sohn nun auch mit Leib und Seele, mit seiner Menschennatur ein. Das ist das umwerfend Neue am Ereignis der Himmelfahrt Christi: der höchste, der göttliche Rang gebührt nun auch seiner heiligen Menschheit. Und „IHM", dem Gekreuzigten und Auferstandenen ist „alles zu Füßen gelegt" (1 Kor 15,27). ER, der Gott-Mensch Jesus Christus, ist der Herrscher über das All.

Das alles sind nicht abstruse Spekulationen des ehemaligen jüdischen Rabbi Saul aus Tarsus. Es ist der stammelnde Versuch dieses Mannes, der auf dem Weg nach Damaskus sein – buchstäblich – umwerfendes Erlebnis hatte, dem „Gott, der" ihn „schon vom Mutterleib an erwählt hatte...seinen Sohn offenbarte" (Gal 1,16), um „seine Einsicht in das Geheimnis Christi" (Eph 3,4) anderen, auch uns, mitzuteilen. Denn die Himmelfahrt Christi geht uns alle an. Sie zeigt uns, „zu welcher Hoffnung" wir „berufen" sind (Eph 1,18). Diese alles übersteigende jenseitige Hoffnung unterscheidet Christen von denen, die nur eine innerweltliche Hoffnung haben. Unsere Hoffnung ist es, einmal mit Christus an der ewigen Herrlichkeit Gottes persönlich Anteil haben zu dürfen; kindlich-fromm gesagt: „In den Himmel zu kommen." Mit Christi Himmelfahrt ist unsere eigene Himmelfahrt schon vorweggenommen. So wie es in einem alten Kirchenlied heißt: „Wohin du aufgefahren bist, dorthin auch führ uns Jesus Christ!"

Ergänzende Literatur
Katechismus der Katholischen Kirche Kompendium Nr 132
Youcat Jugendkatechismus der Katholischen Kirche Nr 109 + 110

SIEBTER GLAUBENSARTIKEL

„ER WIRD KOMMEN, ZU RICHTEN DIE LEBENDEN UND DIE TOTEN"

Dies sei „der unbehaglichste Satz" des christlichen Glaubens, hat vor Jahren der evangelische Theologe Hans Conzelmann geschrieben (G-Rein, Das Glaubensbekenntnis S 46). Tatsächlich wird im christlichen Denken und der Verkündigung das Gericht mehr und mehr verdrängt. Was eigentlich gar nicht verwunderlich ist. Denn wenn die Menschen sich über Gott und die Welt ihre eigenen Gedanken machen, dann scheint ihnen „der Gedanke des Weltgerichtes nicht mehr zeitgemäß und nicht Gott angemessen zu sein" (Conzelmann a.a.O. S. 47). Dann halten sie es statt mit dem „Dies irae" (Sequenz der Totenmesse) lieber mit Schillers Ode an die Freude: „Freude trinken alle Wesen an den Brüsten der Natur; alle Guten, alle Bösen folgen ihrer Rosenspur. Brüder – überm Sternenzelt muss ein lieber Vater wohnen."

Wir Menschen neigen ja dazu, uns eine Religion zurechtzubasteln, die uns auf den Leib zugeschnitten sein soll. Darum ist es wichtig, dass wir im Glaubens- bekenntnis immer wieder an die Wahrheiten erinnert werden, die wir wie abgeschnittene Stoffreste nur allzu leicht unter den Tisch fallen lassen. Das Glaubensbekenntnis lehrt uns, bei dem, was wir glauben, nicht Maß an uns , sondern an der Offenbarung Gottes zu nehmen.

Der zweite Teil des 6. Glaubensartikels: „Er sitzet zur Rechten Gottes des allmächtigen Vaters" schlägt die Brücke zum ersten Glaubensartikel: zu „Gott, dem Vater, dem Allmächtigen, dem Schöpfer Himmels und der Erde". Dieser Bezeichnung Gottes als des „Allmächtigen" liegt das griechische „Pantokrátor" = Allherrscher zugrunde. „Gott ist nicht der Alte mit dem wallenden Bart in erhabener Weltabgeschiedenheit" (a.a.O S.48). Gott ist als Schöpfer der Herr der Welt, dem in der Offenbarung des Johannes die himmlischen Wesen huldigen: „Würdig bist du, unser Herr und Gott, Herrlichkeit zu empfangen und Ehre und Macht. Denn Du bist es, der die Welt erschaffen hat, durch deinen Willen war sie und wurde sie erschaffen" (Offb 4,11). An dieser Weltherrschaft nimmt Christus, der Auferstandene und in den Himmel zur Rechten Gottes Erhöhte teil. „Die Herrschaft über die Welt gehört unserem Herrn und seinem Christus; und sie werden herrschen in alle Ewigkeit" (Offb 11,15).

Nach dem Zeugnis der Heiligen Schrift ist Gott als Weltherrscher auch Weltrichter. Vgl die Vision Daniels 7,9-12, in der die vier Tiere, die aus dem Meer (der Weltgeschichte) aufsteigen (Löwe, Bär, Panther und das Ungeheuer mit den zehn Hörnern, Symbole der Weltreiche) gerichtet werden.

Das Sitzen „zur Rechten des Gottes, des allmächtigen Vaters", d.h. die Teilnahme Christi an der Weltherrschaft Gottes, ist darum auch Grund für seine Rolle als Weltenrichter.

In der Offenbarung des Johannes ist das in grandiosen visionären Bildern dargestellt. So empfängt z.B. das Lamm (Symbol Christi) „aus der rechten Hand dessen, der auf dem Throne saß (Gott Vater), das Buch mit den sieben Siegeln" (Offb 5,7), in dem die Gerichte Gottes in der Weltgeschichte vorgemerkt sind. Im Johannesevangelium (5,27f) spricht Jesus davon, dass der Vater dem Sohn das Gericht überträgt.

Das „Er wird kommen, zu richten die Lebenden und Toten" besagt die Universalität des Gerichtes. Das Gericht Christi wird alle umfassen, „alle, die in den Gräbern sind, Gute und Böse" (Joh 5,28). Und nicht nur die Toten, auch die noch Lebenden werden dem Weltenrichter Rechenschaft geben müssen. Denn „Christus ist gestorben und lebendig geworden, um Herr zu sein über Tote und Lebende. Wir werden alle vor dem Richterstuhl Gottes stehen" (Röm 14,9ff). In der Heiligen Schrift erfahren wir auch die Maßstäbe, nach denen der Weltenrichter urteilt:

„Wer mein Wort hört und dem glaubt, der mich gesandt hat ... der kommt nicht ins Gericht" (Joh 5,24). „Wer glaubt und sich taufen lässt wird gerettet. Wer nicht glaubt, wird verurteilt werden" (Mk 16,16). So die abgemilderte deutsche Einheitsübersetzung. Die lateinische Vulgata übersetzt nach dem griechischem Originaltext: „wird verdammt werden." Mit dem liberalen Motto des Biedermannes: „Tue recht und scheue niemand" werden wir da kaum durchkommen, zumal die meist wohl nicht gewusste oder unterschlagene Fortsetzung lautet: „Fürchte Gott, und sonst nichts in der Welt".

In seinem zweiten Brief an die verfolgten Thessalonicher schreibt Paulus: „Ihr sollt des Reiches Gottes teilhaftig werden, für das ihr leidet. Denn es entspricht der Gerechtigkeit Gottes, denen mit Bedrängnis zu vergelten, die euch bedrängen, euch aber den Bedrängten, zusammen mit uns Ruhe zu schenken, wenn Jesus, der Herr, sich vom Himmel her offenbart mit seinen Engeln in lodern- dem Feuer. Dann übt er Vergeltung an denen, die Gott nicht (aner)kennen und dem Evangelium nicht gehorchen. Fern vom Angesicht des Herrn und von seiner Macht und Herrlichkeit müssen sie sein, mit ewigem Verderben werden sie bestraft" (2 Thes 1,6-9).

Es geht bei der Wiederkunft des Herrn und beim Weltgericht nicht nur um Einzeltäter, die ganze Menschheitsgeschichte, Kulturen und Zivilisationen, politische und weltanschauliche Systeme, Wirtschaftmächte und Staaten, was auch immer die Menschen in ihrer Geschichte getrieben haben oder getrieben hat, all das kommt vor das Tribunal des „unbestechlichen Richters", alles und „alle werden vor dem Richterstuhl Gottes stehen" (Röm 14.10). Vgl die Vision Daniels (Dan 7 Kapitel). Ob Herodes, Nero, Robespierre, Lenin, Stalin, Hitler, Mao... wie immer sie auch geheißen haben oder in Zukunft noch heißen werden, die Kriegstreiber und die Kriegsgewinnler, die Gangster, Mafiosi, auch die Schurken in Nadelstreifenanzügen, keiner wird der globalen Gerechtigkeit dessen entgehen, „der Herzen und Nieren erforscht" (Offb 2,23). Mittelalterliche Maler hatten keine Hemmungen, Bischöfe, selbst Päpste unter den Verdammten in der Hölle zu malen. Originalton Jesu: „Der Menschensohn wird mit seinen Engeln in der Hoheit seines Vaters kommen und jedem Menschen geben, was er für seine Taten verdient" (Mt 16,27).

Aber auch die guten Taten, die heroischen Opfer der Mütter für ihre Familie, die um ihrer Kinder willen auf eine Karriere verzichteten, die verborgenen Leiden „um der Gerechtigkeit willen" (Mt 5,10), das von niemand bemerkte „Scherflein der armen Witwe" (Mt 12,43), all dies wird nicht übersehen werden. „Wir alle müssen vor dem Richterstuhl Christi offenbar werden, damit jeder seinen Lohn empfängt, für das Gute oder Böse, das er in seinem irdischen Leben getan hat" (2 Kor 5,10).

Im Gericht gilt an erster Stelle das Hauptgebot: „Du sollst den Herrn, deinen Gott lieben ... und du sollst deinen Nächsten lieben wie dich selbst"(Mt 22,37-39). In seinem Gleichnis vom Weltgericht (Mt 25, 31-46) hat Jesus das für jeden anschaulich und eindrucksvoll illustriert. Dort lautet die Schlussfolge rung: „Was ihr für einen meiner geringsten Brüder getan habt, das habt ihr mir getan" (Mt 25,4). - „Was ihr für einen dieser Geringsten nicht getan habt, habt ihr mir nicht getan. Und sie werden weggehen und die ewige Strafe erhalten, die Gerechten aber das ewige Leben" (Mt 25,45f).

So unbehaglich auch der Gedanke an das Gericht sein mag, diese Botschaft gehört zum Glaubensbekenntnis, denn sie gehört zum Evangelium. Im Brief an die Römer spricht Paulus von „jenem Tag, an dem Gott wie ich in meinem Evangelium verkündige, das, was im Menschen verborgen ist, durch Jesus Christus richten wird" (Röm 2,16). Und im Haus des Hauptmanns Cornelius sagt Petrus ausdrücklich: „Gott hat uns geboten, dem Volk zu verkündigen: Jesus Christus ist der von Gott eingesetzte Richter der Lebenden und Toten" (Apg 10,42). Darum scheut sich Paulus auch nicht, vor dem römischen Statthalter Felix freimütig vom „bevorstehenden Gericht" zu sprechen. Dem Vertreter der römischen Weltmacht wird das unbehaglich und er bricht daraufhin das Gespräch ab (vgl. Apg 24,25).

Die Kirche kann die Glaubensverkündigung nicht davon abhängig machen, was gerade „zeitgemäß" oder „unzeitgemäß" ist. Sie hat wie die Apostel zu verkünden, „was Gott geboten hat" (Apg 10,42). Was könnte eigentlich zeitgemäßer sein, als einer Gesellschaft das Gericht Gottes zu verkünden, die nach dem durch Hitlers Schergen in braunen bzw. schwarzen SS-Uniformen verübten Holocaust an den Juden, nun die im weißen Arztkittel vorgenommene Tötung von Millionen Ungeborener legalisiert hat?

Der Einwand, das Gericht sei Gott, der doch im Neuen Testament als Gott der Liebe verkündet werde, nicht angemessen. Doch genauso wenig wie Gott im Alten Testament nur als Gott der Gerechtigkeit verkündet wird, genauso wenig ist Gott im Neuen Bund nur ein Gott der Liebe. Sondern Gott ist beides: Gerechtigkeit und Liebe – Liebe und Gerechtigkeit. „Coincidéntia oppositórum (das Ineinander der Gegensätze) sagt Nikolaus von Kues (+1464). Und Johannes, der Seher von Patmos, hört das: „Halleluja! Das Heil und die Herrlichkeit und die Macht ist bei unserem Gott! Die Urteile seines Gerichtes sind wahr und gerecht" (Offb 19,1f)!

Doch vergessen wir darüber nicht: Christus der Weltenrichter ist auch der Welterlöser! „Die Rettung kommt von unserem Gott, der auf dem Throne sitzt und von dem Lamm" (Offb 7,10)! Diese Spannung gilt es im Glauben auszuhalten. Welche Spannungen stecken in den Gewölben und Kuppeln der Dome und Kathedralen! Das Glaubensbekenntnis der Kirche ist sozusagen ein Glaubensdom. Daneben nehmen sich unsere selbst zurechtgezimmerten eigenen Glaubensansichten aus wie Gartenlauben im Schrebergarten. Die mittelalterlichen Künstler wussten und lebten noch aus dieser gläubigen Spannung. Im Tympanon über den Westportalen der Kirchen und Kathedralen stellten sie Christus dar als Weltenrichter mit den Wundmalen des Welterlösers, zu seiner Rechten die Seligen und zu seiner Linken die Verdammten.

Die us-amerikanische Schweizer Ärztin Kübler-Ross, ist bekannt geworden durch ihre Bücher, in denen sie Erlebnisse veröffentlicht von bereits klinisch Toten, die wieder reanimiert wurden. Alle ihre Gewährsleute berichten von lichten und beseligenden Nahtoderfahrungen.

Gegen diese einseitige Darstellung wendet sich der amerikanische Herzspezialist Dr.med. Maurice S. Rawlings seinem Buch „Zur Hölle und zurück". Darin berichtet er (Seite 41-43) über sein umwerfendes Erlebnis aus dem Jahr 1977. Bei der Untersuchung mit dem EKG wurden mit einem 48-jährigen Landbriefträger immer schneller werden Übungen gemacht, um festzustellen, ob irgendwo ein Herzinfarkt schwelt. Der Monitor zeigte plötzlich eine gefährlich beschleunigte Herzfrequenz an, darauf folgte eine sehr lange Pause, dann extrem langsame, in Abständen kommende Herzschläge - und dann die Nulllinie. Aber der Patient redete zunächst munter weiter. Bei den Wiederbelebungsbemühungen fing er jedes Mal an zur röcheln, sobald der Arzt aufhörte, auf die Brust zu drücken, um den eingeführten Herzschrittmacher zu regulieren, und das Herz hörte auf zu schlagen. Aber auf einmal schrie er laut: „Nicht aufhören! Ich bin in der Hölle! Ich bin in der Hölle!" Der Arzt hielt das für eine Halluzination. „Um Gottes willen hören sie nicht auf! Jedesmal wenn sie loslassen, bin ich wieder in der Hölle!" Als er auch noch darum bat: „Beten Sie für mich!" Da reichte es dem

Arzt. Er solle gefälligst den Mund halten, schließlich sei er Arzt und kein Pfarrer oder Psychiater. Doch auf die erwartungsvollen Blicke der assistierenden Krankenschwester hin, musste der Arzt ein Gebet erfinden - und wenn auch nur zum Schein - betete er vor: „Jesus Christus, Gottes Sohn – los, sagen Sie es! – Bewahre mich vor der Hölle, und wenn Du mich am Leben bleiben lässt, will ich für immer Dir gehören." Dann geschah etwas Merkwürdiges, das beider Leben veränderte. Doch, lassen wir den Arzt selber zu Wort kommen: „Charlie erlebte eine gründliche Bekehrung ... Ich war bis ins Mark erschüttert. Das zum Schein gesprochene Gebet hatte nicht nur Charlies Seele getroffen, sondern der Schuss war nach hinten losgegangen und hatte mich ebenfalls erwischt ... Seitdem hat Charlie drei permanente Herzschrittmacher überlebt, und es fällt mir immer noch schwer zu glauben, dass mein armseliges Gebet den Weg zu meiner eigenen Bekehrung bereitet hat." (Maurice S. Rawlings, Zur Hölle und zurück, Verlag C. M.. Fliß, S.43, ISBN 3-931188-06-X).

Paulus schreibt im Thessalonicherbrief: „Gott hat uns nicht für das Gericht seines Zornes bestimmt, sondern dafür, dass wir durch Jesus Christus, unseren Herrn, das Heil erlangen" (1 Thess 5,9).

Nach jüdischer Tradition wird die Auferstehung der Toten und das letzte Gericht mit der Scheidung der Gerechten von den Ungerechten im Tal Josaphat (= Kidrontal) stattfinden. Johannes der Täufer gebraucht für das Gericht durch den Messias das Bild vom Worfeln des Getreides, wodurch nach dem Dreschen die Spreu vom Weizen getrennt wird. Mit der Wurfschaufel wird der Drusch hochgeworfen und der Wind bläst die Spreu davon (vgl Mt 3,5.12).

Elisabeth Langgässer (+1950) katholische Lyrikerin und Erzählerin, Tochter eines zum katholischen Glauben konvertierten Juden, hat die Spannung zwischen Weltenrichter und Welterlöser in poetischer Form überbrückt mit den folgenden Versen:

„Scheitelbein, Schädeljoch,
heute vernahtet noch,
morgen zunicht.
Der euch geworfelt hat,
heilt euch in Josaphat.
Fürchtet mit Freuden das letzte Gericht!"

Ergänzende Literatur
Katechismus der Katholischen Kirche Kompendium Nr 133-135
Youcat Jugendkatechismus der Katholischen Kirche Nr 11+112
I & H. Obereder Das unglaubliche Glaubensbuch S 102-104

ACHTER GLAUBENSARTIKEL

„ICH GLAUBE AN DEN HEILIGEN GEIST,
DEN HERRN UND LEBENSSPENDER"

1. KAPITEL
DER HERR UND LEBENSSPENDER

Wenn unsere menschliche Erkenntnis von Gott schon im allgemeinen nur „Stückwerk" (1Kor 13,9) ist, und all unser Reden von IHM „gleichnishaft" und „unvollkommen" (1 Kor 13,12), wie viel mehr wird unser Sprechen vom Heiligen Geist nur ein Stammeln sein können. Da genügt selbst die Sprache der Propheten und Dichter nicht; aber sie vermitteln wenigstens eine Ahnung. Karl Barth, der bedeutende protestantische Theologe, sprach einmal vom „ewigen Jauchzen Gottes" (W. Beinert, Glaubensbekenntnis S. 43). Wenn der Heilige Geist das „ewige Jauchzen Gottes ist, dann sind all unsere Worte über ihn wie dürre klappernde Gerippe. Trotzdem dürfen, ja müssen wir vom Heiligen Geist reden, denn die Kirche muss IHN ja auch in ihrem Glauben verkünden.

Auf dem Konzil von Nicea (325) lautete ihr Bekenntnis noch: „Wir glauben an den Heiligen Geist." Im Jahre 381, auf dem Konzil von Konstantinopel, setzte man hinzu: „Der Herr ist und lebendig macht, der aus dem Vater hervorgeht und mit dem Sohn angebetet und verherrlicht wird, der gesprochen hat durch die Propheten." Diese Erweiterung entsprang nicht der Fabulierkunst der Konzilväter, sondern sie war notwendig geworden zur Klarstellung des rechten Glaubens gegen Irrlehrer, welche die Gottheit des Heiligen Geistes leugneten.

Die Kirche bekennt mit diesen Worten, wer der Heilige Geist ist. Er ist „Herr", das heißt, ER ist nicht ein Etwas, nicht eine unpersönliche Kraft, nicht eine Fähigkeit Gottes oder eine Lebensäußerung Gottes, sondern als „Herr" ist er eine Person. So wie wir von Gott dem Vater bekennen, dass er Pantokrator = Allherrscher ist. So wie wir vom Sohn Jesus Christus bekennen, dass er „Herr" ist. So bekennen wir auch dasselbe vom Heiligen Geist, dass er „Herr" ist.

Wobei wir bedenken müssen, dass das griechische Wort Kyrios, das unserer Übersetzung zugrunde liegt, den alttestamentlichen Gottestitel ADONÁI = „der Herr" wiedergibt. Wobei Adonái bereits ein Ersatzwort für den unaussprechlichen Gottesnamen JAHWE ist, der dem Moses am Sinai offenbart worden ist. Wenn wir mit dem Credo der heiligen Messe sagen: Wir glauben an den Heiligen Geist, der Herr ist...", dann bekennen wir gleichzeitig die Personalität und Gottheit des Heiligen Geistes.

Von eben diesem Gottesgeist heißt es im Credo, dass er der ist, der „lebendig macht". In Gebeten und Gesängen wird er darum „Lebensspender" genannt. Im Anfang der Schöpfung heißt es: „Der Geist Gottes schwebte über den Wassern" (Gen 1,2) der Urflut. Auch die Menschwerdung des Gottessohnes ist Werk des Heiligen Geistes (vgl. Mt 1,18; Lk 1,35). Wir bekennen deshalb: „Empfangen durch den Heiligen Geist." Auch das, was bei der Taufe geschieht, ist die Neuschöpfung der Erlösten, und erfolgt laut Johannesevangelium in der „Wiedergeburt aus dem Wasser und dem Heiligen Geist" (Joh 3,5): Und die Auferstehung der Toten wird ebenfalls gewirkt durch den Heiligen Geist. Paulus schreibt im Römerbrief: „Wenn der Geist dessen , der Jesus von den Toten auferweckt hat, in euch wohnt, dann wird er, der Christus Jesus von den Totem auferweckt hat, durch seinen Geist, der in euch wohnt, auch euren sterblichen Leib lebendig machen" (Röm 8,11). Der Mainzer Erzbischof Rhabanus Maurus (+ 846) hat diesen Glauben an den Schöpfergeist in seinem Hymnus „Veni creátor spiritus" (Komm, Schöpfer Geist) in Wort und Melodie verewigt. An Pfingsten wird er noch heute weltweit gesungen.

Das Bekenntnis zum Heiligen Geist als göttlicher Person konfrontiert uns mit dem größten Glaubensgeheimnis, dem Glauben an die allerheiligste Dreifaltigkeit. Dieser Glaube ist nicht aus der Freude der Theologen am Spekulieren entstanden, sondern aus der Notwendigkeit die Aussagen der Heiligen Schrift einander zuzuordnen und unter großer denkerischer Bemühung in Einklang zu bringen. Es stellt eine ungeheure Herausforderung an das menschliche Nachdenken dar und zugleich an das demütige Hören auf die Offenbarung. Einerseits gilt es die Einheit und Einzigkeit Gottes zu wahren, andererseits gilt es, die Aussagen des Neuen Testamentes ernst zunehmen, in denen da von Gott, dem Vater, von Gott-Sohn und vom Heiligen Geist die Rede ist. und zwar vom „Geist Gottes" nicht als von einem Etwas, sondern als von einer Person.

2. KAPITEL

„DER AUS DEM VATER UND DEM SOHN HERVORGEHT"

Es brauchte zwei Jahrhunderte theologischen Ringens, um die Glaubenslehre so zu formulieren, dass sie, ohne die Einheit und Einzigkeit Gottes aufzulösen, die Dreipersonalität Gottes angemessen zum Ausdruck zu bringen vermochte. Einem Niederschlag dieses Ringens begegnen wir hier im achten Glaubensartikel, wo von der Beziehung des Heiligen Geistes zum Vater und zum Sohn die Rede ist: „Der aus dem Vater und dem Sohn hervorgeht." Seit dem Konzil von Konstantinopel (381) lautete dieser Satz: zunächst nur: „Der vom Vater ausgeht." Westliche (lateinische) Theologen trieben die Klärung und Vertiefung der Glaubenslehre von der allerheiligsten Dreifaltigkeit weiter. So ist z.B. nach dem heiligen Augustinus der Heilige Geist die gegenseitige Liebe zwischen Vater und Sohn, die so groß ist, dass sie selber göttliche Person ist. So kam im Westen, in der lateinischen Kirche, die Formel auf: „Der vom Vater und vom Sohne ausgeht." Auf der Synode von Toledo (589) wurde diese Erweiterung „und vom Sohne ausgeht", das berühmte „filióque" erstmals in einem kirchenamtlichen Dokument in das Credo aufgenommen. „In Spanien wurde um 589 angeordnet, das Symbolum (Glaubensbekenntnis) mit dem Zusatz des „filióque" nach dem Vaterunser zu rezitieren. Zwei Jahrhunderte später ließ es Karl der Große in seiner Aachener Palastkapelle nach dem Evangelium beten." (Lex. f. Theologie u. Kirche IV Sp 126) Als lateinische Mönche es in der Grabeskirche zu Jerusalem sangen, kam es zur Auseinandersetzung mit den dortigen Griechen. Papst Leo III., an den beide Parteien appellierten, „billige zwar die Lehre des filióque, aber missbilligte dessen Einfügung in das Symbolum (809) und ließ zwei Platten in griechischer und lateinischer Sprache des Credo ohne das filióque anfertigen und in der Peterskirche an Confessio (Zugang zum Petrusgrab) aufstellen" (a.a.O). In Rom wurde es vermutlich auf Bitten

Kaiser Heinrichs II. (um 1013) eingeführt, in Paris erst 1240.

Infolge der Auseinadersetzungen um das filióque kam es 867 zum Bruch zwischen Ost- und Westkirche. Die westliche theologische Konzeption wollte vor allem die Einheit und Gleichheit der drei göttlichen Personen herausstellen. Dem Oster lag an der Betonung der Dreipersönlichkeit des einen Gottes (vgl. J. Marx, Lehrbuch der Kirchengeschichte S 303). Die griechischen Theologen drückten das aus mit der Formel. dass der Heilige Geist „aus dem Vater durch den Sohn hervorgegangen" ist. Die Lateiner witterten die Gefahr der Unterordnung des Sohnes. Bei den Unionsverhandlungen auf dem Konzil von Florenz 1439 wurde von beiden Seiten festgestellt, dass beide Gesichtspunkte sich gegenseitig ergänzen und nicht kirchentrennend zu sein brauchen. Auch schon früher auf dem Konzil von Lyon 1274 war das so beurteilt worden (vgl J. Marx, a.a.O. S. 386).

Dass die Wiedervereinigung von Ost- und Westkirche trotzdem nicht zustande kam, lag daran, weil die Mönche und das Volk im Osten sich dagegen auflehnten, und die meisten Bischöfe, die an den Verhandlungen teilgenommen hatten, zuhause wieder umfielen. (vgl. J Schmidt, Grundzüge der Kirchengeschichte S 234).

In Russland wurde der Erzbischof Isidor von Kiew, der sich in Florenz aufrichtig der Autorität des Papstes unterstellt hatte, 1443 sogar durch eine Synode wegen angeblicher Häresie abgesetzt (J.Schmidt, a.a.O.).

Festzuhalten bleibt, dass West- und Ostkirche gemeinsam bekennen: Dass der Heilige Geist „mit dem Vater und dem Sohn angebetet und verherrlicht wird" bzw. „anzubeten und zu verherrlichen ist" (Dionysius Exíguus + um 550).

Glaube ist nicht in erster Linie Gegenstand der Überlegung, der Diskussion oder des Disputs, sondern echter Glaube drängt zur Lobpreisung. Gerade hier, wo unser Glaube an das tiefste Geheimnis Gottes rührt, - die innergöttlichen Beziehungen von Vater, Sohn und Heiligem Geist - gilt es, in das „ewige Jauchzen Gottes" anbetend einzustimmen. Im Frömmigkeitsleben der meisten Christen des Westens kommt die Verehrung des Heiligen Geistes zu kurz. Dabei haben wir eine ganze Anzahl schöner Heiliggeistlieder, deren Texte sich sehr gut zum Gebet eignen. Manche dieser Heiliggeisthymnen sind erfüllt von der inneren Glut und vom Atem des Heiligen Geistes.

Papst Johannes Paul II. hat 1983 „die kleine Araberin Mirjam" seliggesprochen. Die selige Mirjam vom gekreuzigten Jesus Baouardy, - deren Vorfahren waren maronítische (mit Rom unierte) Christen im Libanon - war „mit allen nur denkbaren Charismen mystisch begnadet" (F. Holböck, Die neuen Heiligen der katholischen Kirche Bd I S.159) und war eine große Verehrerin des Heiligen Geistes. Sie ließ 1877 dem Papst Pius IX. eine Botschaft zukommen: „Die Welt und die Ordensgemeinschaften suchen nach neuen Andachten und vernachlässigen die wahre Andacht zum Parakleten (so nennt Jesus in Joh 14,16.26 den Heiligen Geist). Daher herrschen Irrtum und Zwietracht,daher haben wir weder Frieden noch Licht. Jeder Mensch in der Welt oder in den klösterlichen Gemeinschaften, der den Heiligen Geist anruft, wird nicht im Irrtum sterben. Ein jeder Priester, der diese Andacht in seinen Predigten empfiehlt, wird Licht empfangen, noch während er zu seinen Gläubigen davon spricht" (A. Brunot, Licht vom Tabor - Mirjam die kleine Araberin S.94/95).

3. KAPITEL

„DER GESPROCHEN HAT DURCH DIE PROPHETEN"

Die Geschichte der Offenbarung Gottes steht unter dem besonderen Einfluss des Heiligen Geistes. Das Credo bekennt darum abschließend: „Er hat gesprochen durch die Propheten."

Wer die Heilige Schrift liest, erfährt darin immer wieder, wie der Geist Gottes die Menschen über sich hinausreißt, so dass sie ihre eigene Enge und Begrenztheit hinter sich lassen, wie zum Beispiel die Propheten Jona und Jeremia (1,4 ff), und auch ihre irdische Tätigkeit aufgeben wie Elischa, der vom Pflügen weggerufen wird (1 Kg 19,19). Oder die Apostel, die auf den Ruf Jesu hin, ihm nachzufolgen, sofort ihre Netze und Boote zurücklassen (Mt 4, 20-22). Ja, man erlebt, wie der Heilige Geist Menschen entrückt und in Sphären versetzt, die jenseits aller menschlichen Genialität liegen, wie z.B. Jesaja (6.1 ff) oder Ezechiel in ihren Visionen. Und nicht zuletzt waren es doch auch die Apostel und Evangelisten, die „in der Kraft des vom Himmel gesand- ten Heiligen Geistes das Evangelium" verkündet und „vom Heiligen Geist getrieben, im Auftrag Gottes geredet haben" (1 Petr 1,12 und 2 Petr 1,21 .

Der Heilige Geist wirkt zu allen Zeiten in der Geschichte Gottes mit den Menschen in Sehern und Propheten, Märtyrern und Heiligen. Vgl. Theresa von Avila, Katharina von Siena, Hildegard von Bingen, Mutter Theresa von Kalkutta, Pater Michael Pro, Pater Maximilian Kolbe, Papst Pius X., Johannes XXIII., Johannes Paul II. u.a. Wirkungsfeld des Heiligen Geistes ist auch unser eigenes Herz, vorausgesetzt, dass wir uns nicht versperren. Wir sollten IHN immer wieder anrufen:

„Atme in mir, du Heiliger Geist, dass ich Heiliges denke.
Treibe mich, Du Heiliger Geist, dass ich Heiliges tue.
Locke mich, du Heiliger Geist, dass ich Heiliges liebe.
Hüte mich, du Heiliger Geist, dass ich das Heilige nimmer verliere."
(Augustinus zugeschrieben)

Ergänzende Literatur
Katechismus der Katholischen Kirche Nr 136-146
Youcat Jugendkatechismus der Katholischen Kirche Nr 113-120
I.&H. Obereder Das unglaubliche Glaubensbuch S 33-36
 Zum Mysterium der allerheiligsten Dreifaltigkeit:
Katechismus der Katholischen Kirche Nr 44-49
Youcat Jugendkatechismus der Katholischen Kirche Nr 35+36, 122,164
I. &O. Obereder Das unglaubliche Glaubensbuch S 37- 40

NEUNTER GLAUBENSARTIKEL

„ICH GLAUBE DIE HEILIGE KATHOLISCHE KIRCHE - GEMEINSCHAFT DER HEILIGEN"
(APOSTOLISCHES GLAUBENSBEKENNTNIS= APOTOLIKUM)

„ICH GLAUBE DIE EINE, HEILIGE, KATHOLISCHE UND APOSTOLISCHE KIRCHE" (CREDO)

1. KAPITEL
„DIE HEILIGE KATHOLISCHE KIRCHE"

Es ist kein Versehen, wenn in der Überschrift das „an" fehlt. Wir glauben die Kirche, d.h. die Kirche selber ist Gegenstand unseres Glaubens. Was Kirche eigentlich ist, kann nur im Glauben erkannt werden. Der Nichtglaubende wird an der Kirche nur einen Zusammenschluss von Menschen gewahr als einer Gemeinschaft zur Ausübung von Religion, vergleichbar mit einem Fußballklub, in dem sich Leute zum Fußballspielen zusammengetan haben.

Weil das Wesentliche der Kirche nur aus dem Glauben richtig zu erfassen ist, darum ist sie „Gegenstand des Glaubens" (E. Peterson, Theologische Traktate S.420). Darum heißt es: „Credo sanctam ecclesiam catholicam: Ich glaube die heilige katholische Kirche."

Das lateinische Wort für Kirche ecclésia ist ein Lehnwort aus dem Griechischen. ekklesía ist die Volksversammlung, die durch einen Herold herausbeziehungsweise zusammengerufen wurde. Bedeutsam aber ist, dass mit diesem griechischen Wort in der Septuaginta (LXX), der griechischen Bibelübersetzung des Alten Testamentes, die Stellen wiedergegeben werden, wo im hebräischen Text vom Gottesvolk Israel als der „Gemeinde Gottes" (Num 16,3) die Rede ist. Genau diesen Ausdruck „Gemeinde Gottes" verwendet Paulus z.B. in 1 Thess 2,14 oder wenn er den ersten Korintherbrief beginnt mit den Worten: „Paulus, durch Gottes Willen berufener Apostel Christi Jesu an die Gemeinde Gottes in Korinth" (1 Kor 1,1). Indem Paulus und die Urkirche diesen Ausdruck „Gemeinde Gottes" für die Christengemeinden übernehmen, bekunden sie, dass sie sich als Nachfolger der alttestamentlichen Gottesgemeinde verstanden haben. Das heißt: die Kirche ist das Gottesvolk der Endzeit. Weil Israel Jesus als seinen Messias ablehnte, ist an seine Stelle das neutestamentliche Gottesvolk, die Kirche aus Juden und Heiden getreten. Dieser Glaube wird durch die Übernahme des Namens „Gemeinde Gottes" ausgedrückt. Paulus vertritt diesen Gedanken, dass die Christen das wahre und neue, das „geistige Israel" sind, z.B. in Röm 2,28f.

Noch andere Bezeichnungen im Neuen Testament weisen darauf hin, dass die Kirche die Nachfolgerin der alttestamentlichen Gottesgemeinde ist: die Bezeichnungen „die Heiligen" (1Kor 16,1), „die Auserwählten" (Röm 8,33), „die Berufenen" (Röm 1,6), „die berufenen Heiligen" (1 Kor 1,3) (vgl. H. Fries, Handbuch der theologischen Grundbegriffe I 91 ff).

Im Alten Testament wird Israel heilig genannt, weil es durch den Bundesschluss am Sinai von Gott aus allen Völkern auserwählt und zu seinem besonderen „Eigentumsvolk" (Ex 19,6) erklärt worden ist. Die Urkirche hat diesen auszeichnenden Titel des alten Bundesvolkes übernommen und sich als das neue Volk Gottes verstanden (vgl 1 Petr 2,9f).

Die Kirche ist heilig – nicht weil sie aus lauter Heiligen besteht – ‚sondern weil sie als Gottesvolk sein „Eigentumsvolk", Gottes heiliges Eigentum ist. Das Wesen der Kirche als Gottesvolk ist heilig, trotz der Sündigkeit ihrer Glieder.

Bei seiner Meditation zur neunten Kreuzwegstation im römischen Kolosseum sprach Kardinal Joseph Ratzinger am Karfreitag 2005 unmissverständliche Worte über den heutigen Zustand der Kirche:
„Was kann uns der dritte Fall Jesu unter dem Kreuz sagen? Wir haben an den Sturz des Menschen insgesamt gedacht (bei der siebten Station), an den Abfall so vieler von Christus in einen gottlosen Säkularismus hinein. Müssen wir nicht auch daran denken, wie viel Christus in seiner Kirche selbst erleiden muss? Wie oft wird das heilige Sakrament seiner Gegenwart missbraucht, in welche Leere und Bosheit des Herzens tritt er da oft hinein? Wie oft feiern wir uns selbst und nehmen ihn gar nicht wahr? Wie oft wird sein Wort verdreht und missbraucht? Wie wenig Glaube ist in so vielen Theorien, wie viel leeres Gerede gibt es?

Wie viel Schmutz gibt es in der Kirche und gerade auch unter denen, die im Priestertum ihm ganz zugehören sollten? Wie viel Hochmut und Selbstherrlichkeit? Wie wenig achten wir das Sakrament der Versöhnung, in dem er uns erwartet, um uns von unserem Fall aufzurichten? All das ist in seiner Passion gegenwärtig. Der Verrat der Jünger, der unwürdige Empfang seines Leibes und Blutes, muss doch der tiefste Schmerz des Erlösers sein...
Herr, wie oft erscheint uns die Kirche wie ein sinkendes Boot, das schon voll Wasser gelaufen und ganz und gar leck ist. Und auf deinem Ackerfeld sehen wir mehr Unkraut als Weizen. Das verschmutzte Gewand und Gesicht deiner Kirche erschüttert uns. Aber wir selber verraten dich immer wieder nach allen großen Worten und Gebärden. Erbarme dich deiner Kirche. Auch mitten in ihr fällt Adam immer wieder. Wir ziehen dich mit unserem Fall zu Boden, und Satan lacht, weil er hofft, dass du von diesem Fall nicht wieder aufstehen kannst, dass du in den Fall deiner Kirche hineingezogen selber als Besiegter am Boden bleibst. Und doch wirst du aufstehen. Du bist aufgestanden – auferstanden und du kannst auch uns wieder aufrichten. Heile und heilige deine Kirche" (J. Kardinal Ratzinger).

Vor Jahrzehnten wurde ein Buch veröffentlicht mit dem Titel „Dreiunddreißig Jahre Jesus - zweitausend Jahre Judas". Darin waren alle Skandale und Verbrechen, die im Laufe der Geschichte innerhalb der Kirche und durch ihre Glieder begangen worden sind, zusammengetragen.

In den Abschiedsreden bittet Jesus den Vater für seine Jünger: „ Ich bitte nicht darum, dass du sie aus der Welt nimmst, sondern dass du sie vor dem Bösen bewahrst ... Heilige sie in der Wahrheit ... Und ich heilige mich für sie, damit sie in der Wahrheit geheiligt sind" (Joh 17,15.17.19).

Von Alfred Loisy, dem „Vater des Modernismus" (F. Heiler), stammt das Wort: „Jesus kündigte das Reich an, und es kam die Kirche" (zitiert bei Erik Peterson, Theologische Traktate S 411). In Loisys Sentenz steckt die Behauptung, Jesus habe die Kirche nicht vorgesehen und gar nicht gewollt. Doch dass die Kirche das neue Israel ist, das ist keine stolze Anmaßung der Urkirche oder Erfindung des Apostels Paulus. Die Kirche geht zurück auf „die Zwölf" (Mt 10, 5; Joh 6,68; Apg 6,2), die Jesus selber ausgewählt hatte (Joh 6,71) und „die er auch Apostel nannte" (Lk 6,13). Israel verstand sich auch zur Zeit Jesu immer noch als das Zwölfstämmevolk, obwohl die zehn Stämme des Nordreiches Israel infolge der assyrischen Deportation in der Gefangenschaft untergegangen waren. Aber gerade für die messianische Heilszeit erhoffte man die Wiederherstellung der zwölf Stämme Israels. Die zwölf Stämme waren einst aus den zwölf Söhnen Jakobs, der nach seinem nächtlichen Ringen mit dem geheimnisvollen Unbekannten Israel genannt wurde, hervorgegangen.

Indem Jesus aus dem Kreis seiner Jünger „die Zwölf auswählte" (Joh 6,71) und zu den „Zwölf" machte, mit denen er das letzte Paschamahl feierte und die heilige Eucharistie einsetzte (Mt 26,20; Mk 14,17,22-25), bekannte Er sich als den neuen Jakob-Israel (Joh 1,51; 4,12ff). Mit der Wahl „der Zwölf" deutet Jesus an, dass er den Grund zu einem neuen Israel, dem neuen Volk Gottes legt, das aus diesen zwölf Stammvätern erwachsen sollte. Nicht durch leibliche Abstammung, wie das alte Israel, sondern durch geistige Zeugung, durch das Evangelium, den Samen des Wortes Gottes sollte das neue Zwölfstämmevolk entstehen (vgl. 1 Kor 4,15).

Das Wort Jesu: „Ihr werdet den Himmel offen und die Engel Gottes auf- und niedersteigen sehen über dem Menschensohn" erinnert ja an den Traum Jakobs von der Himmelsleiter (Gen 28,12). Auch dass sich Jesus als „der Menschensohn" bezeichnet, ist in diesem Zusammenhang von Bedeutung. Denn dieses Wort hat ja seinen Ursprung in der Vision Daniels vom Menschensohn (Dan 7. Kapitel). Dort ist es ein Symbol für das Gottesvolk der Endzeit. Indem Jesus diesen Titel „Menschensohn" für seine Person übernimmt, bezeichnet er sich einschlußweise als der Schöpfer und Herr dieses neuen Volkes der messianischen Zeit (vgl. J. Ratzinger, Das neue Volk Gottes S.77f).

Es gibt im Leben Jesu Augenblicke, in denen seine kirchengründende Absicht offenbar wird, so wenn er den Simon Petrus den „Felsen" nennt, auf dem er seine Kirche erbauen wird und ihm verheißt, dass er ihm die Binde- und Lösegewalt übertragen wird (Mt 16,18). Besonders ist das letzte Abendmahl im Zusammenhang mit dem Pascha als kirchengründenden Akt Jesu zu sehen. Die Paschanacht war ja die eigentliche Geburtsstunde des Volkes Israel. Die Nacht, da der Engel Gottes die Erstgeburt der Ägypter tötete, die Kinder Israels, deren Türpfosten mit dem Blut des geopferten Lammes bezeichnet waren, aber verschonte (Ex 11 und 12). Das verschaffte den bisher geknechteten Nachkommen der zwölf Jakobssöhne endlich die Freiheit aus Ägypten auszuziehen und zu einem eigenen Volk zu werden.

In der Feier des letzten Mahles vor seinem Leiden versteht sich Jesus als das neue, wahre Paschalamm, das stellvertretend stirbt, nicht nur für die leiblichen Nachkommen Jakobs, die Kinder Israels, sondern für die „zerstreuten Kinder Gottes" (Jo 11,52) in aller Welt. Sein Blut ist „das Blut des neuen Bundes, das für viele vergossen wird" (Mt 26,28; Lk 22,20). Jesus erhebt das Mahl, in dem sein Fleisch zur Speise und sein Blut zum Trank wird, zum wahren Paschamahl, das seine Erfüllung erfahren wird im himm- lischen „Hochzeitsmahl des Lammes" (Offb 19,9). So erscheint das heilige Abendmahl als das, was das Paschamahl für das alte Israel war, als Quellgrund des neuen Israel, des neuen Bundesvolkes, der Kirche und als deren bleibende Mitte (vgl. J. Ratzinger, Das neue Volk Gottes S. 78f).

Die Kirche ist das Volk, mit dem Gott den neuen Bund geschlossen hat im Opferblut des wahren Osterlammes, im Erlöserblut des gekreuzigten Christus. In ihr ist der alte Gegensatz zwischen Juden und Heidenvölkern aufgehoben. Die Kirche ist das neue Gottesvolk „aus Juden und Heiden" (Eph 2,11-18). Die Kirche ist die Ecclésia, die „Gemeinde Gottes", zusammengerufen durch Herolde, die Jesus Christus ausgesandt hat, die Apostel (Mk 16,15; Mt 28,19f).

Dieses neue Volk Gottes, geeint in Christus, ist nicht mehr auf Abrahams leibliche Nachkommen begrenzt. Das neue Gottesvolk ist die aus allen Völkern zusammengerufene Gemeinde Gottes. Diese Universalität drückt das Glau- bensbekenntnis aus mit dem Wort „katholisch", einem Lehnwort aus dem Griechischen, abgeleitet von kat holän gän = die ganze Erde betreffend. „Katholisch" ist also ursprünglich keine Konfessionsbezeichnung, sondern hat den Sinn von universal, die Juden und Heidenvölker umfassende Gemeinde Gottes. „Gott hat alle in den Ungehorsam eingeschlossen, um sich aller zu erbarmen", schreibt Paulus im Römerbrief (11,32).

Gertrud von le Fort (+1971), die vom Protestantismus zur katholischen Kirche konvertierte Dichterin, hat die Universalität, die Katholizität der Kirche in ihren „Hymnen an die Kirche" in hochpoetischer Lyrik besungen:

> *Dein Arm umfängt Mohren und weiße Leute,*
> *und dein Odem weht über alle Geschlechter,*
> *Deiner Stunde schlägt keine Stunde,*
> *und deine Grenzen sind ohne Grenzen, denn*
> *du trägst im Schoße das Erbarmen des Herrn!"*
> *(Hymnen an die Kirche, Heiligkeit der Kirche II)*

2. KAPITEL

„ICH GLAUBE AN DIE EINE KIRCHE"

Gerade dieses Merkmal der Kirche, dass sie eine ist, fordert den Glauben. Denn dem Augenschein nach gibt es ja eine Vielzahl von Kirchen. Vgl. die orthodoxen Kirchen, die sogenannten „Kirchen der Reformation" und sonstige „kirchliche Gemeinschaften" (vgl. Dekret über den Ökumenismus des II. Vatikanischen Konzils III. Kapitel Nr. 19). Aber in der Heiligen Schrift wird von der einen Kirche gesprochen in den Bezeichnungen „Volk Gottes", „Leib Christi", „Tempel", „Braut", „Jerusalem"; „Heilige Stadt"; „eine Herde". All diesen Bildern liegt die Einzigkeit und Einheit der Kirche zugrunde. Gerade die Spannung zwischen dem Wesen der Kirche, wie sie uns das Neue Testamentdarstellt darstellt und der erfahrbaren geschichtlichen Wirklichkeit mit den nicht wenigen Kirchenspaltungen, zeigt uns, wie sehr die „eine Kirche" ein Gegenstand des Glaubens ist.

Christus hat seine Kirche gegründet als das neue Gottesvolk. Als Nachfolgerin des einen auserwählten Volkes Israel kann die Kirche nur eine einzige sein. Die Kirche, in der Christus Juden und Heiden geeint hat, in der also die gesamte Menschheit geeint ist, kann selber nur eine sein (vgl. Eph 2,13 ff). Jesus spricht in der Rede vom „guten Hirten" in Joh 10 davon, dass er Schafe habe, „die nicht aus dieser Hürde sind". Auch die müsse er führen, und sie würden auf seine Stimme hören, und es würde „eine Herde und ein Hirte sein" (Joh 10,16). Mit der Hürde ist das Volk Israel gemeint. Die Schafe außerhalb „dieser Hürde" sind diejenigen aus den Heidenvölkern, die auf Christi Stimme hören, d.h. IHM glauben und nachfolgen und so zur einen Herde Christi gehören, eben zu der einen Kirche aus Juden und Heiden.

Paulus hat die Einzigkeit und Einheit der Kirche besonders unter der theologischen Idee von der Kirche als „Leib Christi" dargestellt (vgl. 1 Kor 12,12 f. + 27). Der Apostel hat diese Vorstellung von der Kirche als einem Organismus (Leib) nicht im Alten Testament vorgefunden, sondern er übernahm dabei den in der Antike geläufigen Vergleich einer Gemeinschaft als einem Organismus, dessen viele Glieder eine Lebenseinheit bilden (vgl. Fries, Handbuch der theolog. Grundbegriffe I 793f). Einen ähnlichen Begriff gibt es auch bei uns, wenn eine bestimmte rechtlich verfasste Vereinigung „Körper- schaft" benannt wird. „Paulus kennt nur eine Kirche, die der Leib Christi ist" (Fries a.a.O.796). Die Einzigkeit und Einheit der Kirche gründet im einen Christus. Darum mahnt er die Korinther wegen ihrer Spaltungen (1 Kor 1,10-13). Der unzerteilte Christus ist das Prinzip der Einheit und Einzigkeit der Kirche. „Ihn, der als Haupt alles überragt, hat Gott über die Kirche gesetzt. Sie ist sein Leib und sie wird von ihm erfüllt" (Eph 1,22 f). „Christus ist das Haupt. Durch ihn wird der ganze Leib zusammengefügt" (Eph 4,15f). „Er ist das Haupt des Leibes, der Leib aber ist die Kirche" (Kol 1,18).

Die Verheißung Jesu an Simon Petrus, er solle das Felsenfundament sein, auf das er seine Kirche bauen werde, lässt erkennen, dass die Einzigkeit und Einheit der Kirche im Willen des Herrn selbst begründet ist (vgl. Mt 16,18f). Und indem Jesus dem Simon Petrus „die Schlüssel des Himmelreiches" übergibt, bestellt er ihn zu seinem Hausverwalter, macht er den Petrus zu seinem Stellvertreter in der Kirche. Da in Christus alles unter dem einen Haupt zusammengefasst ist (Eph 2,14 ff, 4,15 f), ist die Einheit der Kirche unter dem sichtbaren Oberhaupt, dem Papst, das Spiegelbild. Die Struktur der Einheit unter dem Inhaber des Petrusamtes ist der Kirche von

Christus vorgegeben. Dreimal fragt Christus bei der österlichen Erscheinung am See von Tiberias den Simon Petrus: „Liebst du mich?" Als der bejaht, überträgt der Herr ihm mit dem dreimaligen „weide meine Lämmer bzw. meine Schafe" das Hirtenamt über die Herde Christi (vgl. Joh 21,15-17). Das ist die Verfassung der Kirche Christi: die eine Herde unter dem einen Hirten. Diese Struktur der Einheit galt es, in der Kirche auf allen Ebenen in allen nachfolgenden Generationen zu wahren und auf allen Ebenen durchzuhalten: der Papst als der Oberhirte der Gesamtkirche, der Bischof als Hirte der Ortskirche, seiner Diözese. Das von Christus gestiftete Petrusamt ist wesentliches Element der Einheit der Kirche. Als sichtbares Zeichen ihrer Einheit und Einzigkeit wird es damit aber auch zu einem Kennzeichen der wahren Kirche Jesu Christi.

Am 18. Februar 1896 sprach der russische Religionsphilosoph Wladimir Solowjew (1853-1900) in der Lourdeskapelle in Moskau mit einer brennenden Kerze in der Hand sein Credo: „Als Glied der wahren und hochwürdigen orthodoxen, östlichen oder griechisch-russischen Kirche ... anerkenne ich als höchsten Richter in Sachen der Religion ... den Apostel Petrus, der in seinen Nachfolgern lebt und der nicht umsonst die Worte des Herrn hörte: `Du bist Petrus, und auf diesen Stein werde ich meine Kirche bauen...stärke deine Brüder ... weide meine Schafe!´ - Ich gehöre zur wahren orthodoxen Kirche, weil ich Rom anerkenne als Zentrum der universellen Christenheit, damit ich mich zur traditionellen Orthodoxie, in ihrer ganzen Unverfälschtheit, ohne lateinisch zu werden, bekennen könne" (Quelle: L. Kobilinski-Ellis, Monarchia Sancti Petri S. 8).

Das Petrusamt des Bischofs von Rom, des Papstes, gehört zum sichtbaren Merkmal der einen von Christus gestifteten Kirche. Auch im Zeitalter der Ökumene darf das nicht verschwiegen werden. Gerade um der Einigung der Christenheit willen muss auf die Einheit begründende Funktion des Petrusamtes verwiesen werden. In einem der historischen Titel des römischen Papstes „Summus Pontifex " = „oberster Brückenbauer" kommt das zum Ausdruck. Dieses Amt ist der Kirche von Christus vorgegeben. Die Weise der Ausübung mag geschichtlichen Umständen und Entwicklungen unterliegen. Das zeigt z. B. die Art und Weise, wie die Päpste nach dem Konzil ihr Amt ausüben.

Der Rücktritt Benedikts XVI. machte deutlich, welche Verantwortung und Bürde das Amt des Papstes seinem Inhaber auferlegt, wenn er erklärte: „Ich bin mir sehr bewusst, dass dieser Dienst wegen seines geistlichen Wesens nicht nur durch Taten und Worte ausgeübt werden darf, sondern nicht weniger durch Leiden und Gebet. Aber die Welt, die sich so schnell verändert, wird heute durch Fragen, die für das Leben des Glaubens von großer Bedeutung sind, hin- und hergeworfen. Um trotzdem das Schifflein Petri zu steuern und das Evangelium zu verkünden, ist sowohl die Kraft des Körpers als auch die Kraft des Geistes notwendig, eine Kraft, die in den vergangnen Monaten in mir derart abgenommen hat, dass ich mein Unvermögen erkennen muss, den mir anvertrauten Dienst weiter gut auszuführen" (Benedikt XVI. am 11. Februar 2013).

Gerade weil das Amt des Papstes der Kirche von Christus vorgegeben ist, steht es nicht in unserem Belieben, ob die Kirche Christi „Papstkirche" ist oder nicht. Aber es wird in diesem Zusammenhang auch deutlich, dass die eine Kirche Gegenstand unseres Glaubens ist.

In der Mitte des 20. Jahrhunderts war es ein evangelischer Pfarrer in Baden-Württemberg, der aufgrund seines intensiven Studiums des Neuen Testamentes zu dieser Erkenntnis kam. Richard Baumann hat mehrere Bücher geschrieben, in denen er seine Entdeckung, dass das Petrusamt zum Wesen der Kirche Christi gehört, veröffentlichte, um in seiner evangelischen Kirche die Anerkennung der Schriftgemäßheit des Papstamtes zu erreichen. Durch ein eigens von der Synode beschlossenes Gesetz (die sogenannte „Lex Baumann") wurde er des Amtes enthoben. Im hohen Alter ist er dann in den Grotten des Petersdomes zur katholischen Kirche konvertiert. Er war seiner Zeit voraus. Inzwischen haben sich ja ganze Gruppen der anglikanischen Kirche dem Papst angeschlossen und unter Beibehaltung ihrer Traditionen einen Sonderstatus innerhalb der römisch-katholischen Kirche erlangt. Im vergangenen Jahr ist eine Gruppe der „hochkirchlichen Vereinigung der Augsburger Konfession" mit Rom in Gespräche eingetreten, um zu einer ähnlichen Regelung wie die Anglikaner zu kommen.

Noch etwas ist zu bedenken: Wenn in der einen Kirche der Inhaber des Petrusamtes von Christus mit der Schlüsselgewalt betraut ist, wenn er vom Herrn des Hauses die Vollmacht übertragen bekam „zu binden und zu lösen" (Mt 16,19), so bedeutet das nach dem rabbinischen Verständnis der damaligen Zeit, autoritativ zu erklären, zu verbieten bzw. zu erlauben. Es gibt in der Kirche die von Christus verliehene Autorität und Gesetzgebungsvollmacht des Hirtenamtes. Diese Autorität des Hirten erfordert seitens der

Glieder der Kirche Gehorsam in Sachen des Glaubens und der Disziplin gegenüber den rechtmäßigen Hirten, sei es der Papst, sei es der Bischof.

Im 2. Korintherbrief macht der Apostel Paulus unmissverständlich seine Autorität geltend: „Ich bin durchaus bereit, jeden Ungehorsam strengstens zu ahnden, damit ihr endlich gehorcht. Seht doch den Tatsachen ins Auge! Wenn jemand meint, er gehöre zu Christus, soll er bedenken, dass das auch von mir gilt. Darüber hinaus könnte ich darauf pochen, dass mir der Herr Vollmacht verliehen hat, wenn auch zum Aufbauen, nicht zur Zerstörung. Nähme ich diese Vollmacht in Anspruch, so könnte ich damit durchaus Eindruck machen" (2 Kor 2,5-8. Übersetzung Berger/Norden).

Die heutigen „Korinther", Leute der „Kirche von unten", der „Pfarrerinitiative" und ähnlicher Initiativen, scheinen sich dessen nicht bewusst zu sein. Autorität innerhalb der Kirche widerspricht nicht der Liebe, sondern recht ausgeübte Autorität ist geradezu ein Gebot der Liebe, weil ohne Autorität und Gehorsam in einer Gemeinschaft das Chaos und die Anarchie ausbrechen und diese Gemeinschaft der Willkür einzelner aussetzen würde, einer speziellen Form von Tyrannei. Wie die Erfahrung zeigt, ist es immer eine lautstarke Minderheit, die der schweigenden Mehrheit ihren Willen aufzwingt.

Ferner gibt es einen richtig und falsch verstandenen Pluralismus in der Kirche heute. Es gibt z.B. in der Weise der Ausübung der Frömmigkeit durchaus eine gewisse Vielfalt von Frömmigkeitsformen. Der eine pflegt besonders die Herz-Jesu-Verehrung, ein anderer bevorzugt die Verehrung des Heiligen Geistes, eine dritte hält sich besonders an die Gottesmutter, „weil die Mannsleut im Himmel so streng sind", wie eine Mainzer Marktfrau ihre Vorliebe für die Marienverehrung begründete.

Solange diese Weisen der Frömmigkeit nicht absolut gesetzt werden und man andere nicht grundsätzlich ablehnt, ist das durchaus zu akzeptieren. Solcher Pluralismus ist Ausfluss des Reichtums der Offenbarung einerseits und der Begrenztheit unserer menschlichen Natur andererseits. Keiner kann alle Möglichkeiten, die der Glaube bietet, voll ausschöpfen. Indem jeder nach seinen seelischen Anlagen und seiner Fassungskraft das eine oder andere bevorzugt und pflegt, ergibt das innerhalb der Kirche eine echte Vielfalt, die eine Bereicherung darstellt. Je nach Zeitumständen sind so auch die große

Anzahl von Ordensgemeinschaften im Laufe der Jahrhunderte entstanden. Solange diese Vielfalt die Einheit im Glauben und das Zusammenleben nicht verletzt, ist das durchaus in Ordnung. Unter diesem Gesichtspunkt ist auch die Aufnahme von Gruppen der Anglikaner unter Beibehaltung ihrer religiösen Traditionen in die römisch-katholische Kirche zu sehen.

Ein falscher Pluralismus, der die Einheit der Kirche sprengt, wäre es, wenn jemand innerhalb des verbindlichen Glaubens nur die eine oder andere Glau- benswahrheit anerkennen würde, also einen Auswahlglauben praktizieren würde. Wer z.B. Jesus Christus zwar als Gottgesandten akzeptiert, aber seine Gottheit leugnet, kann sich nicht auf den Pluralismus in der Kirche berufen. Wer sich aus dem Glauben der Kirche nur aussucht, was ihm passt, der verhält sich häretisch. Das griechische Wort Häresie heißt Auswahl. Das ist kein Pluralismus, keine echte Bereicherung und Vielfalt mehr, sondern eine Sünde gegen die Einheit der Kirche und die Gemeinsamkeit im Glauben (vgl. Kol 2,19). „Die christliche Häresie ist die vom Geist des Bösen infiltrierte Weisheit der christlichen Lehre" (H. Schlier, Mächte und Gewalten im Neuen Testament S.26). Das gibt zu denken. „Die Häresie, die mit der Kirche fast wie ein Zwillingsbruder aufwächst, ist als Lehre vom Geist der Inzucht und Eigensucht durchdrängt. In der eigenwilligen Auslegung der apostolischen Verkündigung durch die Gnostiker und andere Häretiker spiegelt sich deren Infiltration durch die geistige Macht des Satans. Das NT lässt in der Tat erkennen, dass der Ansturm und Überfall der Mächte, sosehr er die Schöpfung in Mitleidenschaft zieht, jetzt in seinem letzten Ziel Jesus und seiner Kirche gilt" (H. Schlier a.a.O. S.48). Im Epheserbrief nennt Paulus die Grundlagen der Einheit der Kirche: „Bemüht euch, die Einheit des Geistes zu wahren ... Ein Leib und ein Geist, wie euch auch durch eure Berufung eine gemeinsame Hoffnung gegeben ist; ein Herr, ein Gaube, eine Taufe, ein Gott und Vater aller." (Eph 4,3-6).

„An unseren Herrgott glaub´ ich ja, aber mit seinem Bodenpersonal will ich nichts zu tun haben", das lässt sich schlecht damit vereinbaren. Zum christlichen Glauben gehört unaufgebbar: die eine Kirche. Und Jesus hat in den Abschiedsreden darum gebetet: „Heiliger Vater, bewahre sie in deinem Namen, den du mir gegeben hast, damit sie eins seien wie wir" (Joh 17,11).

3. KAPITEL

„ICH GLAUBE DIE APOSTOLISCHE KIRCHE"

Dass die Kirche apostolisch ist, gehört zu ihren wesentlichen Eigenschaften und Merkmalen. Das Wort bedeutet im Credo soviel wie auf die Apostel zurückgehend, im Zusammenhang mit den Aposteln stehend, von der Tradition der Apostel abstammend.

Jesus selber hatte ja „die Zwölf" sozusagen als Stammväter des neuen Gottesvolkes, der Kirche, erwählt und bestimmt. Darum wäre eine Kirche, die nicht auf diesem Fundament stünde, nicht die Kirche Jesu Christi. Johannes schaut in einer Vision das himmlische Jerusalem: „Die Mauer der Stadt hat zwölf Grundsteine; auf ihnen stehen die zwölf Namen der zwölf Apostel des Lammes" (Offb 21,14). Ebenso schreibt Paulus im Epheserbrief, wo er von der Kirche aus Juden und Heiden zu sprechen kommt: „Ihr seid auf das Fundament der Apostel und Propheten gebaut. Der Schlussstein ist Christus Jesus selbst" (Eph 2,20). Die Kirche ist apostolisch in ihrem Ursprung, von Christus auf die Apostel und durch die Apostel gegründet.

„Die Zwölf" sind die vom Herrn selbst berufenen Boten des Evangeliums (das griechische Wort apóstolos heißt der Gesandte, der Bote). Deswegen ist die Kirche auch apostolisch hinsichtlich ihrer Lehre und ihrer Sakramente. Das Evangelium, das die Kirche verkündet, ist das Evangelium, das sie von den Aposteln überliefert bekam. Von der Urkirche in Jerusalem heißt es: „Sie hielten an der Lehre der Apostel fest und an der Gemeinschaft, am Brechen des Brotes und an den Gebeten" (Apg 2,42). Mit dem „Brechen des Brotes" wird die Eucharistie bezeichnet.

Der Glaube der Kirche geht auf den Glauben der Apostel zurück. Darum nennen wir ja die ältere und kürzere Form des Symbolums „apostolisches Glaubensbekenntnis", eben um anzudeuten, dass unser Glaube von den Aposteln, den von Christus beauftragten „Zeugen" (Lk 24,47; Apg 1,8) herkommt.

Ebenso verhält es sich mit den Sakramenten. Die Sakramente der Kirche sind Heilsmittel, die Christus den Aposteln übergeben hat. Vgl. den Taufauftrag Jesu vor seinem Weggang in den Himmel: „Geht und machet zu Jüngern alle Völker und taufet sie" (Mt 28,19). Auch die Feier der heiligen Eucharistie, die Jesus beim letzten Abendmahl anordnete mit den Worten „Tut dies zu meinem Gedächtnis" (Lk 22,19). Ebenso ist die Vollmacht der Sündenvergebung, das Sakrament „der Versöhnung", von Christus bei der Erscheinung am Osterabend den Aposteln übertragen worden: „Welchen ihr die Sünden nachlasset, denen sind sie nachgelassen" (Joh 20,23).

Die Weitergabe des Glaubens in der Verkündigung, die Feier der Eucharistie und die Spendung der heiligen Sakramente kennzeichnen die Kirche als apostolisch.

Die Apostel sind aber nicht nur die Zeugen und Garanten der christlichen Wahrheit, sie sind nicht nur Lehrer und „Ausspender der Geheimnisse Gottes" (1 Kor 4,1), sondern auch Leiter der Kirche. Apostolisch ist die Kirche darum auch hinsichtlich ihrer Ämter und der Amtsnachfolge. Schon in der Apostel- geschichte spielt die „apostolische Sukzession", die Amtsnachfolge und die Amtsübertragung durch die Apostel eine nicht zu übersehende Rolle. Auf die Initiative der Apostel gehen die Ämter der Diakone (vgl Apg 6,1-6) und der Presbyter zurück (vgl. Apg 5,1-6; 14,23). Durch Handauflegung und Gebet der Apostel, das bedeutet durch Weihe, wird ihnen Autorität und Amtsvollmacht verliehen. Das geistliche Amt gehört wesentlich zur Apostolizität der Kirche, vor allem das Bischofsamt. Die Bischöfe der Kirche sind in ununterbrochener Folge die rechtmäßigen Nachfolger der Apostel (apostolische Sukzession).

Im evangelischen Raum ist es die „Hochkirchliche Bewegung", die sich seit 1917 (Reformationsjubiläum) einsetzte für die „Umkehr zu voller Katholizität", für die bischöfliche Kirchenverfassung und (statt des im protestantischen Raum üblich gewordenen Wortgottesdienstes) für die Wiederherstellung des Vollgottesdienstes, der Deutschen Messe (Opfercharakter des Abendmahles; z.T. Gebrauch der altkirchlichen liturgischen Gewänder), für das Stundengebet (Ev.-kathol. Brevier 1931) und die Wiederaufnahme der Privatbeichte und Privatabsolution. Einer der geistlichen Führer, F. Heiler, gründete die „Evangelisch-katholische eucharistische Gemeinschaft" und suchte die Eingliederung in die apostolische Sukzession durch die Gallikanische Kirche (eine von Rom zwar getrennte, aber mit gültigen Weihen ausgestattete Kirche). Infolgedessen kam es zu heftigen Auseinandersetzungen mit dem Evangelischen Bund und anderen protestantischen Gruppen. Aus der „Hochkirchlichen Bewegung" ist die „Hochkirchliche Vereinigung des Augsburgischen Bekenntnisses E.V." geworden. Vgl. Lexikon „Religion in Geschichte und Gegenwart" Bd 3 Spalte 179/180. Zwanzig Persönlichkeiten der hochkirchlichen Bewegung aus Deutschland und Schweden haben laut Zeitungsmeldungen Kontakt mit dem Vatikan aufgenommen, um zu sondieren, ob eine ähnliche Vereinbarung wie bei den anglikanischen Gruppen möglich ist, unter Beibehaltung ihrer religiösen Traditionen einen Status innerhalb der römisch-katholischen Kirche zu erlangen. Damit käme es zum Anschluss an das Petrusamt der Universalkirche.

Wenn die Kirche die Kontinuität, den über die Zeiten hinweg dauernden Zusammenhang mit den Aposteln verlöre, wäre sie nicht mehr die Kirche Jesu Christi. Darum spielt z.B. die Ämterfrage eine so wichtige Rolle im ökumenischen Dialog. Der Glaube der Apostel allein genügt nicht, auch die Sakramente – und zwar alle sieben Sakramente: Taufe, Firmung, Eucharistie, Bußsakrament, Krankensalbung, Priesterweihe und Ehe – gehören zum Kirchesein. Aber auch das Amt, die gültige Weihe und rechtmäßige Amtsnachfolge sind zum Apostolischsein der Kirche erforderlich.
In den letzten Jahre erscheinen immer wieder Berichte in den Medien über Bischofsweihen im kommunistischen China, die ohne Zustimmung des Papstes erfolgen. Das hat die katholische Kirche in China in eine heikle Situation ge- bracht. Dadurch wurde die Kirche gespalten in eine von der chinesischen Regierung abhängige, vom Staat geduldete und eine papsttreue nur im Unter- grund existierende katholische Kirche. Denn der Bruch mit dem Papst, dem Inhaber des Petrusamtes, bedeutet allemal den Verlust des Zusammenhangs mit der Gesamtkirche, den Verlust der Katholizität, auch den Verlust der Recht- mäßigkeit in der Amtsnachfolge der Apostel. Ein solcher Bischof der chine- sischen „Nationalkirche" mag gültig geweiht sein, wie z.B. die Bischöfe der orthodoxen und anderer östlicher Kirchen, aber es fehlt ihnen am vollen Apostolischsein die Gemeinschaft mit dem Inhaber des Petrusamtes, dem sichtbaren Oberhirten der „una, sancta, catholica et apostolica ecclesia" (Credo). Zur Apostolizität, zum Apostolischsein der Kirche gehört eben auch, dass sie Papstkirche ist. Das hat mit einem Machtanspruch Roms nichts zu tun, sondern damit, dass Christus den Simon, den Fischer vom See Genesareth, zum Petrus gemacht hat, auf den ER seine Kirche baute (vgl.Mt 16, 18f).

Dem Papst ist die Aufgabe überkommen, das die Kirche zur Einheit zusammenschließende Petrusamt auszuüben und seine „Brüder zu stärken" (Lk 22,32). Dazu ist er der vom Herrn eingesetzte „Summus Pontifex", der oberste Brückenbauer.

In den letzten Jahren ist es Mode geworden, gegen die „Amtskirche", Bischöfe und Papst zu polemisieren, die „Basis" – ein marxistischer Ausdruck – gegen das kirchliche Amt auszuspielen. Vor allem dann, wenn man mit den eigenen Vorstellungen und Forderungen, wie z.B. Zulassung von wiederverheirateten Geschiedenen zur heiligen Kommunion oder Priesterweihe von Frauen oder Änderung der kirchlichen Sexualmoral auf Ablehnung seitens der kirchlichen Autorität stößt. Vereinigungen wie „Wir sind Kirche" oder „Kirche von unten" und dergleichen verkennen, dass die Kirche Jesu Christi keine demokratische Institution ist, sondern hierarchisch strukturiert ist, in der man mit Mehrheits- beschluss Dinge des Glaubens nicht ändern kann. Selbstverständlich gilt für „die da oben" in der Kirche die Mahnung des Petrus an die „Presbyter": „Weidet die euch anvertraute Herde Gottes nicht aus Zwang ... seid nicht Beherrscher eurer Gemeinden, sondern Vorbilder für die Herde" (1 Petr, 5,2f). Vor allem aber gilt Jesu Wort, als unter den Aposteln Streit darüber aufkam, wer unter ihnen wohl der Größte sei: „Die Könige der Völker herrschen über ihre Völker, und die Mächtigen lassen sich Wohltäter nennen. Bei euch aber soll es nicht so sein, sondern der Größte unter euch soll werden wie der Kleinste und der Führende soll werden wie der Dienende" (Lk 22,24-26). Einer der Titel des Papstes ist: „Diener der Diener Gottes". Doch im Mittelalter gab es einmal eine Kontroverse eines Papstes mit einem Bischof, weil der sich den päpstlichen Titel zulegte und sich auch „Diener der Diener Gottes" nannte. „Es menschelt in der Kirche Gottes bis zu Gott Vater hinauf", meinte einmal ein Mainzer Monsignore.

Zum Apostolischsein der Kirche gehört, dass autoritative Entscheidungen in Fragen des Glaubens, der Moral und der Disziplin nicht „von unten", sondern durch die Inhaber des apostolischen Amtes, nämlich Papst und Bischöfen getroffen werden. In der Apostelgeschichte 15,28 heißt es: „Es hat dem Heiligen Geist und uns gefallen..." (Diese Beschlussformel der zu Jerusalem versammelten Apostel und Ältesten (Presbyter) ist nachgebildet der Beschlussformel des antiken Stadtstaates. Dort hieß es: „Es hat dem Rat und dem Volk gefallen" (E. Peterson, Theologische. Traktate S. 422). Also doch demokratische Kirchenentscheidungen? Man übersehe nicht den entscheidenden Unterschied der beiden Beschlussformeln. Der Rat der antiken Stadt beruft sich in seinem Beschluss auf das Volk (démos => Demokratie = Volksherrschaft), während die Apostel und Ältesten sich an erster Stelle auf den Heiligen Geist berufen. Die Autorität der Apostel beruht darauf, dass sie durch Christus unmittelbar berufen und im Heiligen Geist bevollmächtigt wurden (vgl. Pfingsten Apg 2).

Bereits 1970 haben die Professoren Joseph Ratzinger und Hans Maier eine Schrift unter dem Titel „Demokratie in der Kirche" veröffentlicht, in der sie die Möglichkeiten, Grenzen und Gefahren einer Demokratisierung der Kirche kritisch untersuchten.

Und bereits 1965 hat Hans Urs von Balthasar in seinem Buch „Wer ist ein Christ?" ein Kapitel der Frage gewidmet „Wer ist ein mündiger Christ?" Die „Mündigkeit des Laien" war damals eines der innerkirchlichen Schlagworte. Anhand der Analyse von Texten der Paulusbriefe zeigt er das „Zusammengehören von Mündigkeit und Kreuz" (S.89) auf. „Mündig ist demnach ... wer nicht mehr von außen her immer wieder gezwungen zu werden braucht, dieser Welt abzusterben, sondern frei und selbstverantwortlich ein für allemal `sein Fleisch mit seinen Leidenschaften und Gelüsten ans Kreuz geschlagen hat´ und mit dem Apostel sagen kann: `Durch Christus ist mir die Welt gekreuzigt und ich der Welt´" (Gal 6,14.17)" (a.a.O.S. 90). Und Balthasar empfiehlt, Apostelgeschichte 16,6-7 zu meditieren, wo der Heilige Geist die Planung einer Missionsreise des Paulus zweimal über den Haufen wirft. „Dass einer seinen Plan aufzugeben hat zugunsten des Planes Gottes: der wäre ein mündiger Christ ... Die christliche Mündigkeit ist also keine so einfache Sache wie die meisten glauben ... Das setzt. .. voraus einen eingefleischten übernatürlichen Instinkt des Gehorsams, also das Gegenteil dessen, was wir in unserer massiven Grobheit uns als `Mündigkeit´ vor-stellen" (a.a.O. S.91).

„Der Christ ist Christ nur als Glied der Kirche ... Keiner ist Christ auf eigene Faust. Und der Heilige Geist, der ihn mündig macht, ist zuerst und vor allem der Geist der Kirche ... der Geist der Heiligkeit ... Unmündig ist der Christ, der diesen Geist nicht zu dem seinigen zu machen gewillt und bestrebt ist" (a.a.O. S 93). „Wer die Einheit von Mündigkeit und christlichkirchlichem Gehorsam nicht versteht, ist weit von der Mündigkeit entfernt. Die meisten, die das Wort Mündigkeit dauernd im Munde führen, kennen offenkundig den Tonfall der Schrift nicht; sie reden, Gott im Rücken, von Dingen, die (vox temporis vox Dei) angeblich durch Zeitumstände und Struktur des modernen Menschen gefordert sind. Was Christus fordert, danach fragen sie nicht" (a.a.O.S.95). Die Apostólizität der Kirche garantiert uns den über die Jahrhunderte bestehen den Zusammenhang der Kirche heute mit der Kirche des Anfangs. Ohne diesen Zusammenhang gäbe es keine Kirche Jesu Christi mehr. Weil die Kirche apostolisch ist, ist unser Evangelium das gleiche wie damals zur Zeit der Apostel. Weil die Kirche apostolisch ist, hat sie die gleichen Sakramente wie zu Beginn. Weil die Kirche apostolisch ist, haben ihre Ämter und ihre Amtsnachfolge die Zeiten überdauert. Das Apostolischsein der Kirche weist auch in die Zukunft. Weil sie apostolisch ist, wird sie bis zum Ende der Zeiten überdauern, bis sie ihre Vollendung findet im himmlischen Jerusalem (vgl. Offb 21,14).

Gilbert Keith Chesterton (+1936), bekannt durch seine Detektivgeschichten des Pater Brown, hat vor allem philosophisch-theologische und essayistische Wer-ke verfasst, in denen er die sozialen und geistigen Probleme der Gegenwart behandelt und am katholischen Glauben maß, zu dem er 1922 übergetreten war. Vgl. Lexikon f. Theologie u. Kirche Bd 2 Sp 1047. Er hat einmal darauf aufmerksam gemacht, dass es mindestens schon fünfmal in der fast zweitau- sendjährigen Geschichte der Kirche so ausgesehen habe, als ginge es mit ihr zu Ende. Aber jedes Mal sei sie wieder auferstanden, kraftvoller und schöner als zuvor. Man habe der Kirche schon oft vorausgesagt, dass sie vor die Hunde gehe. „Doch was verendet ist, war noch jedes Mal der Hund" (G.K. Chesterton)!

GEBET FÜR DIE KIRCHE UND DEN PAPST

Herr, wir glauben und bekennen voll Zuversicht, dass du deiner Kirche Dauer verheißen hast, solange die Welt besteht. Darum haben wir keine Sorge und Angst um den Bestand und das Wohlergehen deiner Kirche. Wir wissen nicht, was ihr zum Heile ist. Wir legen die Zukunft ganz in deine Hände und fürchten nichts, so drohend bisweilen die Dinge auch scheinen mögen. Nur um das eine bitten wir dich inständig: Gib deinem Diener und Stellvertreter, dem Heiligen Vater, wahre Weisheit, Mut und Kraft. Gib ihm den Trost deiner Gnade in diesem Leben und im künftigen die Krone der Unsterblichkeit.

(Sel. John Henry Newman; Gotteslob 27,2).

Ergänzende Literatur
Katechismus der Katholischen Kirche Kompendium Nr. 174-182
Youcat Jugendkatechismus der Katholischen Kirche Nr. 121-128

4. KAPITEL

„GEMEINSCHAFT DER HEILIGEN"

Gemeinschaft der Heiligen im Ursinn

Jeder wird, wenn er von Gemeinschaft der Heiligen liest, zunächst an die Gemeinschaft der Heiligen des Himmels denken und an deren Verbindung mit der Kirche auf Erden. Doch als dieser Satz im 4. Jahrhundert dem Glaubensbekenntnis zugefügt wurde, da war mit „Communio sanctorum" die Gemeinschaft der Sakramente gemeint. Communio sanctorum => Communio sacramentorum bedeutet im Ursinn die Gemeinschaft mit den heiligen Dingen, den Heilsmitteln, die Gott uns durch die Kirche schenkt (vgl. Henrí de Lubac, Credo ... Sanctorum comunionem, COMUNIO, Internationale katholische Zeitschrift 1/1972 S. 18-22).

So steht es auch im Catechismus Romanus, der 1566 auf Beschluss des Konzils von Trient herausgegeben wurde. Dort heißt es ausdrücklich: „Dass unter dieser Gemeinschaft der Heiligen, die Gemeinschaft der Sakramente zu verstehen ist" (I. Teil, 10. Hauptstück, 24). Vor allem die heilige Eucharistie ist damit gemeint, die wir ja heute noch „Kommunion" nennen, weil sie der In- begriff unserer Gemeinschaft mit Christus ist.

Paulus schreibt im 1. Korintherbrief: „Ist der Segenskelch, den wir segnen, nicht die Gemeinschaft des Blutes Christi? Ist das Brot, das wir brechen, nicht Gemeinschaft des Leibes Christi?" (1 Kor 10,16).

Gemeinschaft der Heiligen im abgeleiteten Sinn

Aber die Teilhabe an diesen geistlichen Gaben, die Gemeinschaft der heiligen Sakramente, vor allem die heilige Eucharistie, knüpft auch Bande der

Gemein- schaft zwischen den Empfängern der Sakramente. Paulus weist ausdrücklich darauf hin: „Weil es ein einziges Brot ist, sind wir vielen ein einziger Leib; denn wir haben alle teil an dem einen Brot" (1Kor 10,17). So erweitert sich sehr bald das Verständnis, dass mit der Communio sanctorum auch die Gemeinschaft derer verstanden wird, die durch die Teilnahme an der heiligen Eucharistie selber geheiligt werden, die Paulus bezeichnender Weise „die Heiligen" nennt. So z.B. richtet er seinen Brief „an alle in Rom, die von Gott geliebt sind, die Berufenen Gottes, die Heiligen" (Röm 1,7). Oder gleich am Anfang des zweiten Korintherbriefes: „ An die Kirche Gottes in Korinth, an die Geheiligten in Christus Jesus, berufen als Heilige mit allen, die den Namen Christi, unseres Herrn, überall anrufen..." (1 Kor 1,2).

Die Gemeinschaft der heiligen Sakramente, vor allem der heiligen Kommunion, ist so gesehen der Quell der brüderlichen Gemeinschaft der Christgläubigen. So heißt es im vierten Hochgebet der heiligen Messe: „Sieh her auf die Opfergabe, die du selbst deiner Kirche bereitet hast, und gib, dass alle, die Anteil erhalten an dem einen Brot und dem einen Kelch, ein Leib werden im Heiligen Geist...".
Es gab in der Kirche den uralten Brauch, - schon der heilige Irenäus (+202) erwähnt ihn - dem zu Folge der Papst an die Kirchen der Stadt Rom durch einen Altardiener ein Stückchen der heiligen Hostie seiner Messe überbringen ließ als Ausdruck der kirchlichen Einheit, zum Zeichen dafür, dass sie zu seiner Communio gehören. Ähnlich taten es die Bischöfe in anderen Städten. Die Priester in den Kirchen der Stadt Rom ließen dieses ihnen zugesandte Stückchen des eucharistischen Brotes nach dem Pax Domini, dem Friedensgruß, in den Kelch gleiten. Darauf geht der noch im heutigen Messritus geübte Brauch zurück, ein Partikel der Priesterhostie nach dem Friedensgruß in den Kelch zu geben (vgl. J.A.Jungmann, Missarum sollemnia II S. 385 – 396).

Die heilige Eucharistie ist Höhepunkt und Vollendung der Zugehörigkeit – der Communio – zur Gemeinschaft der Kirche. Das hat Konsequenzen. Wer gegen die Gemeinschaft im Glauben oder der Ordnung der Kirche schwer verstößt, zieht sich die Exkommunikation zu, ist vom Empfang der heiligen Kommunion so lange ausgeschlossen, bis er seinen Fehltritt bereut und sein sündhaftes Verhalten aufgegeben hat. Die leidvolle Frage der nicht zur heiligen Komunion zugelassenen wiederverheirateten Geschiedenen hängt damit zusam men. Wer nicht in der vollen Communio mit der Kirche lebt, wie zum Beispiel Andersgläubige, hat keinen Zutritt zur heiligen Kommunion. Das hat nichts mit der „Sturheit der Amtskirche" zu tun. Wo die Einheit im Glauben fehlt, wenn es an der Gemeinschaft im Glauben mangelt, also die Communio im Glauben nicht oder noch nicht vorhanden ist, wäre es ein innerer Widerspruch, das Zeichen dieser Einheit und Gemeinschaft zu vollziehen. Nicht nur „die in Rom", auch die orthodoxe Kirche vertritt diese Praxis. Es hat auch nichts mit antiökumenischer Einstellung der Päpste oder Bischöfe zu tun. Papst Paul VI. hat in seinem „Credo des Gottesvolkes" (1968) öffentlich bekannt:

„Wir anerkennen das Vorhandensein zahlreicher Elemente der Heiligung und der Wahrheit außerhalb der Gemeinschaft der Kirche Christi, welche eigentlich ihr zugehören und auf die katholische Einheit hindrängen; und wir glauben an das Wirken des Heiligen Geistes, der in den Herzen der Jünger Christi die Liebe zu dieser Einheit entflammt; wir haben darum die Hoffnung, dass jene Christen, die noch nicht voll und ganz der Gemeinschaft der Kirche angehören, sich eines Tages in der einen Herde mit dem einen Hirten zusammenfinden" (Credo des Gottesvolkes Artikel 13).

Im heutigen Glaubensbewusstsein steht bei der „Gemeinschaft der Heiligen" nicht die sakramentale Bedeutung im Vordergrund, sondern die der Gemeinschaft der geheiligten Gläubigen untereinander und der Heiligen des Himmels mit uns. In den früheren Katechismen standen dafür die Bezeichnungen: „streitende, leidende und triumphierende" Kirche. Diese drei Gruppen bilden die große Gemeinschaft des Gottesvolkes. Mit der „streitenden Kirche" ist das „pilgernde Gottesvolk" auf Erden charakterisiert, das sich noch im Kampf und Streit des irdischen Lebens befindet. Die „leidende Kirche", das sind die Seelen der Verstorbenen im Läuterungsprozess (Purgatórium). Die Bezeichnung „Fegfeuer" gibt es nur im deutschen Sprachbereich, wo die Verstorbenen „Arme-Seelen" genannt werden, weil sie noch Sündenstrafen abzubüßen haben, während sie in den romanischen Sprachen „heilige Seelen" genannt werden im Hinblick darauf, dass sie nach ihrer Läuterung der beseligenden Anschauung Gottes gewiss sein können. Die „triumphierende Kirche", das sind diejenigen, die bereits an der himmlischen Siegesfeier des Lammes teilnehmen (vgl. Offb 19).

Zwischen diesen drei Gruppen der Kirche besteht Kommunikation in einem tieferen Sinn als wir das Wort im profanen Bereich heute gebrauchen.

Die Verbindung mit den Gliedern der Kirche in der ewigen Seligkeit des Himmels oder auch zu den „Armenseelen" ist mehr als nur ein äußerlicher Kontakt. Wenn wir z.B. die Heiligen um ihre Fürbitte anrufen oder wenn wir für die Verstorbenen beten, ist das ein Kommunikationsmittel, welches eine tiefere Gemeinschaft bewirkt als sie sonst unter Menschen üblich und möglich ist.

Innerhalb der „Gemeinschaft der Heiligen" besteht auch eine Art Austausch der Verdienste. So kommen uns die Verdienste der Heiligen und heiligmäßiger Menschen zu gut. Oder die Lebenden können innerhalb der Gemeinschaft der Kirche für andere Sühne leisten oder die heilige Messe für andere, seien es Lebende oder Verstorbene, feiern oder bewusst Leiden und Beschwerden des alltäglichen Lebens „aufopfern", d.h. sich mit dem einzigartigen Opfer Christi verbinden. Die frühe Kirche machte die Erfahrung: „Das Blut der Märtyrer ist der Same für neue Christen". Nicht zufällig wird in den Hochgebeten der heiligen Messe namentlich der Heiligen und ausdrücklich der Lebenden und Verstorbenen gedacht.

All diese Weisen der geistlichen Kommunikation sind nur möglich aufgrund der „Gemeinschaft der Heiligen" im zu Anfang des Kapitels erläuterten Sinn, eben der „Gemeinschaft der Sakramente", vor allem der Taufe, die uns zu Gliedern der Kirche macht, und der heiligen Eucharistie. Die Sakramente schaffen und verstärken die übernatürliche Lebensgemeinschaft zwischen Christus, dem Haupt und den Gliedern, aber auch der Glieder untereinander.

Das bedeutet: die „Gemeinschaft der Heiligen" in des Wortes doppelter Bedeutung ist das Werk Jesu Christi. „Gemeinschaft der Heiligen" kommt nicht zustande durch uns Menschen und unsere gemeinschaftsfördernden Aktionen, sondern sie ist Auswirkung der Gnade Gottes. Es liegt ihr zugrunde die einmalige und einzigartige Handeln Christi: sein Erlösertod! „Die Gemeinschaft der Heiligen ist die Frucht der Mitteilung des Heiligen Geistes in jedem von ihnen. Gerade heutzutage ist es notwendig, dem Ursinn von communio sanctorum mehr Gewicht beizulegen, nicht um den abgeleiteten Sinn zu verwischen, der darin eingeschlossen ist, sondern um dessen einziges und notwendiges Fundament aufzuzeigen" (H. de Lubac, Credo sanctorum communionem, Internationale kathol. Zeitschrift COMMUNIO 1/ 1972 S. 29f).

Zur Illustration dieses Kapitels sei folgende Begebenheit – keine mittelalterliche Legende, sondern etwas, was sich im zwanzigsten Jahrhunderts ereignet hat – hier angefügt. Der calvinisch reformierte Pastor Gérard Croissant (* 1949 in Nancy) lernte erst in Amerika einen tief gläubigen „evangelikalen" Protestantismus kennen. „Ein Übertritt in die katholische Kirche, die ihm als Gemisch von echtem Glauben und unbiblischen Überwucherungen vorkam, lag ihm fern. Bei einem katholischen Gottesdienst, an dem er aus Repräsentationsgründen teilnahm, ging er mehr aus Gefälligkeit zur Kommunion. Da wurde die heilige Speise in ihm wie ein Feuer, dessen Glut mehrere Stunden anhielt. Er hatte den realen Leib (Christi) empfangen, in dem das Feuer des Heiligen Geistes brennt. Obwohl er schon früher an das Wirken Jesu beim evangelischen Abendmahl glaubte, ging ihm auf, dass hier die Gegenwart Jesu realer ist, wie es Jesus in Joh 6,55 bezeugt. Immer noch Gemeindepastor, ging er monatlich insgeheim in eine katholische Kirche, um dieses Feuer aufzunehmen. Es kamen auch Zeiten `nackten Glaubens´, wo das Wissen genügt: `Er ist da!´ Er erkannte deutlich den Unterschied zwischen katholischer Eucharistie und evangelischem Abendmahl" (T. Moser).

Pastor Croissant war nicht frei von der typischen protestantischen Abneigung gegen die Marienverehrung. In einer Traumvision sah er Jesus zusammen mit einer Frauengestalt. Jesus menschlich nahe, schön, lichtvoll. Als Protestant wollte er nur auf Jesus schauen (`solus Christus´). Da weist Jesus mit zärtlicher Geste auf Maria: `Dies ist meine Mutter!´ Da überströmte ihn eine große Zärtlichkeit. Ein Amtskollege, dem er den Traum erzählte, meinte: Dies kommt vom Teufel. Das kann nicht vom guten Geist eingegeben sein. Croissant liest nun die Bibel neu und entdeckt die Rolle der Frau, Marias, vom ersten Buch Mose bis zur Geheimen Offenbarung des Johannes. Wie ein roter Faden zieht sich das hochzeitliche Motiv, die Polarität von Mann und Frau, Gott-Bräutigam und Menschen-Braut durch die ganze Bibel. Hat nicht Gott den Menschen als `Mann und Frau´ erschaffen, was auch für das Erlösungswerk richtungsweisend ist, bis zum beziehungs- stiftenden Wort Jesu am Kreuz: `Frau, siehe da, dein Sohn – siehe da deine Mutter!´ und bis zur `Hochzeit des Lammes´ und der sonnenumkleideten Frau in der Johannesoffenbarung. In Croissant melden sich die protestantischen Hemmungen, Maria und die Heiligen direkt anzusprechen. Doch da wird ihm die Realität des mystischen Leibes Christi bewusst, wo jedes Glied im Dienst des anderen steht (1 Kor 12).

Auch entdeckt er Luthers Marienpredigten. Es geht ihm auf: Maria gehört zur Christusoffenbarung. Sie offenbart die fraulich-mütterliche Seite Gottes. Christus ist unvollständig ohne die Braut, die er sich durch sein Blut erkauft hat, die seiner Seite entnommen ist. Maria, die `Tochter Zion´, verbindet mit der jüdischen Wurzel und erwirkt uns kraft des Heiligen Geistes geistliche Fruchtbarkeit.

Als Croissant zu Pfingsten 1975 an einem internationalen Kongress in Rom teilnimmt, will die protestantische Aversion gegen „Rom", die „Hure Babylon", aufkommen. Doch wird er tief bewegt von der demütigen Gestalt des Petrusnachfolgers, Paul VI. Im vollen Petersdom erlebt er lebendige Kirche mit dem Reichtum ihrer Charismen. Ein Schweizer Jude sei katholisch geworden und nicht protestantisch, weil die Katholiken nur einen Papst hätten und die Protestanten viele. Wie Roger Schutz von Taizé anerkennt er die Notwen- digkeit eines „universellen Hirten". Den letzten Anstoß zu seiner Konversion gab die stigmatisierte Mystikerin Martha Robin (+1981). Zusammen mit seiner Frau und einem reformierten Ehepaar hatte Croissant eine kleine Gemeinschaft vom „Löwen Juda und geopferten Lamm" 1973 gegründet. Nach Prüfung durch die zuständigen kirchlichen Autoritäten wurde die Gemeinschaft vom Bischof von Albi 1976 in die katholische Kirche aufgenommen. Daraus ist die „Gemeinschaft der Seligpreisungen" geworden, die 1999 in rund 70 Niederlassungen bereits an die 1300 Mitglieder zählte. (Quelle: P. Tilbert Moser, Kapuzinerkloster Olten/ Schweiz)

Ergänzende Literatur
Katechismus der Katholischen Kirche Nr. 194-195
Youcat Jugendkatechismus der Katholischen Kirche Nr.129-134
I.& H. Obereder Das unglaubliche Glaubensbuch S. 41-44

ZEHNTER GLAUBENSARTIKEL

„ICH GLAUBE AN DIE VERGEBUNG DER SÜNDEN"(APOSTOLIKUM)
„WIR BEKENNEN DIE EINE TAUFE ZUR VERGEBUNG DER SÜNDEN"
(CREDO)

1. KAPITEL

DIE VERGEBUNG DER SÜNDEN

Von Sünde zu sprechen, ist eine Art Kriegserklärung an das Selbstverständnis des modernen Menschen. Es gibt zwar noch Verkehrssünder und Umweltsünden, aber Sünden im früheren Sinn, damit darf man heutzutage nicht mehr kommen. Schließlich hat man sich ja emanzipiert von solch mittelalterlichen Vorstellungen. Und so wurde denn auch vor Jahrzehnten ein Karnevalsschlager mit Begeisterung gesungen: „Wir kommen alle, alle in den Himmel, weil wir so brav sind!"

Sünde, gibt´s das überhaupt? Klar: Wo es keinen Gott gibt, gibt es auch keine Sünde, höchstens sozialschädliches Verhalten. Sünde erkennt der Mensch nur dort, wo er Religion besitzt. Der Gottlose kennt keine Sünde. Er ist sich selbst Gesetz. Norm seines Handelns ist ihm vielleicht noch irgendeine Vorstellung von Humanität, von Mitmenschlichkeit, also der Mensch. Bei den Nazis war es die Rasse, bei den Kommunisten war Grundlage der Moral die Parteidisziplin. Dass es Sünde gibt, und was Sünde in ihrem Wesen ist, das erkennen wir nur aus der Offenbarung. Die Geschichte vom Sündenfall (vgl Gen 3) offenbart uns, was Sünde eigent- lich ihrem Wesen nach ist. „Ihr werdet sein wie Gott und selber erkennen, was gut und böse ist" (Gen 3,5). Selber wissen wollen, was gut und böse ist, d.h. selbst zu entscheiden und danach zu leben und nicht die Entscheidung eines Gottes über sich annehmen zu müssen. Sich selber das Gesetz geben. Es geht um nichts weniger als um die Autonomie des Menschen (vgl. Bauer, Biblisch-theologisches Wörterbuch II 1063).

Dadurch, dass der Mensch sich selbst das Gesetz für sein Tun und Lassen gibt, maßt er sich göttliche Kompetenz an, er tut so als ob er „wie Gott" wäre (vgl. Fries, Handbuch theologischer Grundbegriffe II 603). Wo der Mensch in der Sünde von Gott sich unabhängig macht, trennt er sich vom Ursprung seines Daseins, von der „Quelle des Lebens", wie Gott in Psalm 36,20 genannt wird. Der Mensch, der sich selbst Gesetz sein will, sägt den Ast ab, auf dem er sitzt. „Mich haben sie verlassen, den Quell lebendigen Wassers und haben sich Zisternen gegraben, obendrein noch rissige Zisternen, die kein Wasser halten" (Jer 2,13). Der Mensch, der meint, sich von Gott emanzipieren zu können, „läuft hinter dem Nichts her und wird selbst zu Nichts" (Jer 2,5).

Das „Ihr werdet sterben" (Gen 3,17), das in der Geschichte vom Sündenfall angedroht wird, ist nicht eine Strafe, die von außen her über den Menschen verhängt wird, sondern innere Konsequenz davon, dass er sich in der Sünde, in seinem Versuch, selber „wie Gott" zu sein, vom Urquell des Lebens trennt. Darum ist die Folge der Sünde der Tod, und zwar der Tod in einer viel radikaleren Weise als wir das gewöhnlich auffassen. Der Verlust des leiblichen Lebens und damit der Verlust aller irdischen Güter ist nur das Zeichen dafür, dass der Mensch in der Sünde „die Quelle des Lebens" (Ps 26,30) verliert. Den Verlust Gottes aber nennt die Offenbarung des Johannes den „zweiten Tod" (Offb 2,11; 20,6; 21,8). „Die Feiglinge aber und Treulosen, die Befleckten, die Mörder und Unzüchtigen, die Zauberer und Götzendiener und alle Lügner sollen im brennenden Feuer- und Schwefelpfuhl ihren Anteil erhalten (Offb 21,8). Die Frevler, die sich selbst Gesetz sind, die nach der Norm leben: gut ist, was mir gefällt, recht ist, was mir nützt, die erwartet der „zweite Tod", das ist die ewige Verdammnis, die Hölle.

Doch „Gott will nicht den Tod des Sünders, sondern dass er sich bekehre und lebe" (Ez 18,23). Es gibt noch eine Chance, dem „zweiten Tod" der ewigen Verdammnis, der Hölle zu entrinnen. Auch das steht im Glaubensbekenntnis: die Vergebung der Sünden. Und das zeigt die folgende Geschichte von der

Bekehrung eines Schwerverbrechers

„Mein Name ist André Levet, ich bin in eine atheistische Familie hinein geboren worden und habe nie von Gott gehört. Im Alter von 13 Jahren riss ich nach Marseille aus ... und landete zum ersten Mal im Gefängnis. Wegen eines Raufüberfalls wurde ich mit 15 erneut verhaftet. Später als Gangsterchef spezialisierte ich mich auf Raubüberfälle. Eines Tages war ich in Laval, um ein Ding zu drehen." Dort trifft er zufällig auf einen Priester, der ihn einlädt, vorbei zu kommen. Der gab ihm Ratschläge, die er nie befolgte, und jedes Mal, wenn er ihm von Gott sprach, war seine Reaktion: „Lass mich mit deinem Gott in Ruhe!" Nach einem Ding, das schief ging, kam er in Rennes erneut hinter Gitter, brach aus dem Gefängnis aus und organisierte in Südamerika einen Drogenring. Dort wurde er dreimal eingesperrt, brach dreimal aus und wurde an Frankreich ausgeliefert. „Hätte man all meine Delikte zusammengenommen, so hätte ich 120 Jahre absitzen müssen. Zu guter Letzt wurde ich zu 15 Jahren Kerker verurteilt. Im Hochsicherheitsgefängnis Château Thierry sagte mir der Direktor zur Begrüßung: `Hier wirst du spuren oder krepieren.´ Als Antwort habe ich ihm sein Büro auf den Kopf gestellt."

In den langen Jahren seiner Haft hat ihm der Priester Monat für Monat einen Brief geschrieben, darin nur wenig über Gott, nur ein oder zwei Worte: „André, Gott lebt!" Doch eines Tages schickte er ihm die vier Evangelien, weil er sich über Langeweile in seinen vier Wänden beschwert hatte. „Aha, da hat mir doch der Pfarrer seinen Herrgott in die Zelle geschmuggelt, dachte ich. Um ihm Freude zu machen, öffnete ich es in zehn Jahren neunmal...Eines Tages fiel mir wieder das Buch ein. Und da ich vergeblich auf eine Waffe oder Feile zum Ausbrechen gewartet hatte, blieb mir in dieser hoffnungslosen Situation nur einer: Jesus. Ich forderte nun diesen Jesus heraus: `Wenn es dich wirklich gibt, wenn du all das, was in diesem Buch steht, auch wirklich tust, na gut, dann komme mich besuchen. Ich schlage dir ein Rendezvous vor: Komme doch heute um zwei Uhr nachts, dann haben wir Ruhe, um zu diskutieren. Und wenn du so stark bist, will ich nur eines von dir: Öffne dieses Gitter und ich hau ab!´
In der Nacht vom 11. auf den 12. Juni, es war im Jahr 1960, schlief ich wie üblich mit Blick auf die Gitterstäbe. Ich schlief tief. In dieser Nacht rüttelte mich jemand aus meinem Schlaf wach. Ich sprang aus dem Bett, um den Eindringling niederzuschlagen. Aber da war niemand. Doch hörte ich folgende Worte tief innerlich in mir widerhallen´, wie in einem Tunnel: `Es ist zwei Uhr, André, wir haben ein Rendezvous!´ Ich machte einen Satz zur Eisentür meiner Zelle und schrie den Aufseher durch das kleine Schiebefenster an: `Warum störst du mich?´ Er antwortete: `Was regst du dich so auf, ich habe gar nichts gesagt. Da fragte ich: `Wie spät ist es?´ - Zwei Uhr – Punkt zwei.´

Mir blieb keine Zeit zum Nachdenken, denn die Stimme meldete sich wieder, noch stärker in meinem Inneren: `Ich bin dein Gott,. der Gott aller Menschen.´ Ich ballte die Faust und schrie: `Aber wie kannst du in meinen Ohren sprechen, wo ich dich nicht sehe, dich nicht kenne! Wer bis du? Lass mich in Ruh, verschwinde – oder zeig dich!´ Und da sah ich – dort bei den Gitterstäben, die ich mir immer gesprengt ausmalte, um frei zu kommen – ein herrliches Licht. Worte reichen nicht, um es zu beschreiben. Die Decke war weg, die Wände – es war der Himmel in meiner Zelle. Und in dem Licht ein Mann, den ich nicht kannte, niemals gesehen habe. Er zeigt mir seine durchbohrten Hände, seine durchbohrten Füße, seine geöffnete Seite. Und ich hörte die Worte, durchdringend, da in meiner Zelle: `Das ist auch für dich.´ Erst in diesem Augenblick fiel es wie Schuppen von meinen Augen. Die schweren Schuppen von 27 Jahren Sünden fielen endlich ab, und ich sah klar. Blitzartig begriff ich, dass ich ein Sünder bin und dass er der Retter ist! Zum ersten Mal in meinem Leben beugte ich meinen Nacken und fiel auf die Knie. Zum ersten Mal in meinem Leben weinte ich, zum ersten Mal wollte mich jemand lieben!

Von zwei bis sieben Uhr morgens, bis zur Öffnung der Zellen – in diesen fünf Stunden - trat ich den Rückweg durch all das Böse an, das ich getan hatte, damit es aus mir herausplatzt wie ein überreifer Abszess. .Um sieben Uhr fanden mich die Wärter weinend auf den Knien, und ich sagte ihnen: `Ich werde euch nie mehr anspucken, ich werde nie mehr jemanden schlagen oder bestehlen, denn jedes Mal würde ich es Jesus tun.´ Die erstaunten Wächter dachten anfangs, dies sei eine List von mir, doch sehr bald sahen sie, dass ich total verändert war. Nach dieser Begegnung habe ich noch sechs Jahre abgesessen, eine Zeit, die Gott, dieser göttliche Künstler genutzt hat, um aus mir, einem Felsblock aus Hass und Atheismus, einen kleinen, ja wirklich unbedeutenden Zeugen seiner barmherzigen Liebe zu machen."

Nach seiner Freilassung hielt André Levet in ganz Frankreich und auch im Ausland Vorträge über seine Bekehrung (Quelle: Triumph des Herzens).

2. KAPITEL

„ICH GLAUBE AN DIE EINE TAUFE ZUR VERGEBUNG DER SÜNDEN"

Dieser Satz ist eine Erweiterung des apostolischen Glaubensbekenntnisses im nizäno-konstantinopolitánischen Symbolum, das wir im Credo der heiligen Messe bekennen. Die Gegenüberstellung der beiden Bekenntnisse (Symbola) am Anfang des Buches zeigt, wie im Laufe der Zeit immer wieder Zusätze notwendig wurden, um den apostolischen Glauben so zu verdeutlichen, dass Irrlehren zurückgewiesen werden konnten. Dies geschah vor allem in den vier ersten Konzilien von Nizaea (325), Konstantinopel (381), Ephesus (431) und Chalzédon (451).

Aber auch spätere Konzilien brachten Vertiefungen des Glaubens, so z.B. das Konzil von Trient, das mit mehreren Unterbrechungen von 1545 bis 1563 dauerte und sich mit den neuen Lehren der Reformatoren auseinander zu setzen hatte und sie korrigierte bzw. zurückwies. Durch seine Beschlüsse wurden wichtige Reformen für die Kirche in die Wege geleitet. „Das Jahrhundert der Heiligen" trug wesentlich dazu bei. Große Heiligengestalten wie z.B. Ignatius von Loyola (+1556), Petrus Canisius (+1597), Theresa von Avila (+1582), Johannes vom Kreuz (+1591), Karl Borromäus (+1584) und andere Heilige wirkten für die Erneuerung der Kirche, vor allem der Heranbildung guter Priester und der Reform der Orden.

Auch das zweite Vatikanische Konzil sollte nach dem Willen Johannes XXIII. zur geistlichen Erneuerung der Kirche beitragen, nicht durch einen Bruch mit der kirchlichen Vergangenheit, sondern durch eine Vertiefung der Glaubens und seiner Verkündigung in der Sprache des 20. Jahrhunderts, aber in Kontinuität mit der Lehre der früheren Konzilien.

Papst Benedikt XVI. versuchte, Fehlinterpretationen und Fehlentwicklungen, die zur Krise in der Kirche geführt haben, zu korrigieren (vgl. Florian Kolfhaus, Von wegen ein „Superdogma", Vatican Magazin 2/2013 S. 50f).

Die eine Taufe

Paulus kam auf seiner dritten Missionsreise wieder nach Ephesus und traf dort auf einige Männer (circa 12), die nur „mit der Taufe des Johannes" (Apg 19,3) getauft waren. Der Apostel belehrte sie: „Johannes hat mit der Taufe der Umkehr getauft und das Volk gelehrt, sie sollten an den glauben, der nach ihm komme, an Jesus. Als sie das hörten, ließen sie sich auf den Namen Jesu, des Herrn, taufen" (Apg 19,4-5). Auf den Namen Jesus sich taufen lassen bedeutet, sich Jesus als dem Herrn übergeben. Das unterscheidet die christliche Taufe von den damals im Judentum üblichen rituellen Taufen. Am Schluss seiner Pfingstpredigt hat Petrus seine Zuhörer aufgefordert: „Kehrt um, und jeder von euch lasse sich auf den Namen Jesu Christi taufen zur Vergebung seiner Sünden" (Apg 2,38). Da haben wir den Ursprung des Satzes im Credo: „Die eine Taufe zur Vergebung der Sünden".

Über den inneren Zusammenhang von Taufe und Sündenvergebung erfahren wir beim Apostel Paulus: „Wie durch den Ungehorsam des einen Menschen die vielen zu Sündern wurden, so werden auch durch den Gehorsam des einen die vielen zu Gerechten gemacht" (Röm 5,19). Hier stehen sich gegenüber der Ungehorsam Adams und der Gehorsam Christi, alter Adam <=> neuer Adam, die totale Sünde Adams <=> die totale Hingabe des neuen

Adam im Kreuzestod Christi. Im Text des Philipperhymnus (2,6-8) wird sozusagen die Geschichte vom Sündenfall des Menschen auf den Kopf gestellt. Der Mensch wollte Gott gleich sein und wird deshalb ungehorsam in der Sünde (vgl. Gen 3,5). Christus, der Gott gleich war (Phil 3,6), erniedrigt sich, wird nicht nur Mensch, sondern wird gehorsam – bis zur totalen Selbstaufgabe im Tod am Kreuz. So hebt er die Selbstermächtigung des Menschen durch seine Selbsterniedrigung auf. In dieser seiner Selbstentäußerung bis zur Hingabe im Tod am Kreuz macht Christus den Sündenfall des Menschen rückgängig. Der Ungehorsam Adams wird durch den Gehorsam Christi überwunden.

Was hat das mit der Taufe zu tun? Im Römerbrief zeigt Paulus diesen Zusammenhang: „Wisst ihr denn nicht, dass wir alle, die wir auf Christus Jesus getauft wurden, auf seinen Tod getauft worden sind? Wir wurden mit ihm begraben durch die Taufe auf den Tod; und wie Christus durch die Herrlichkeit des Vaters von den Toten auferweckt wurde, so sollen auch wir als neue Menschen leben. Wenn wir nämlich ihm gleich geworden sind in seinem Tod, dann werden wir mit ihm auch in seiner Auferstehung vereinigt sein. Wir wissen doch: Unser alter Mensch wurde mitgekreuzigt, damit der von der Sünde beherrschte Leib vernichtet werde und wir nicht Sklaven der Sünde bleiben" (Röm 6,3-6).

Paulus spielt in diesem Text auf den Taufritus an, bei dem der Mensch im Wasser untergetaucht wird. (Das Wort taufen kommt im Griechischen wie im Deutschen von untertauchen). Das Untertauchen im Wasser ist ein Sinnbild des Begrabenwerdens. Das Auftauchen ein Sinnbild des Auferstehens. Der Aufstand des Menschen gegen Gott in der Sünde führte zum Tod (vgl. Gen 2,17) Der Todesgehorsam Christi führte zur Auferstehung. Indem der Sünder sich in der Taufe in das Geschehen Christi hineinnehmen lässt, wird ihm die Erlösung durch Christus zuteil: die Vergebung der Sünden und die Auferstehung zum Leben mit Christus. Im Taufvorgang sind die Wirkungen sinnbildlich angedeutet: die „Abwaschung der Sünde durch die bleibende Verbindung mit Christus in seinem Sterben, die Gerechtmachung und das Leben mit ihm" (Scheffczyk/Ziegenaus, Katholische Dogmatik VII S.200).

Im nächtlichen Gespräch mit Nikodemus spricht Jesus davon, dass jemand „von neuem geboren werden muss" (Joh 3,3). Auf den Einwand des Nikodemus hin, er sei ein alter Mann und könne „doch nicht in den Muterschoß zurückkehren und ein zweites Mal geboren werden", verweist Jesus auf die Taufe: „Wenn jemand nicht wiedergeboren wird aus Wasser und Geist, kann er nicht in das Reich Gottes gelangen" (Joh 3,4f).

Die Wiedergeburt im Taufsakrament hat nichts zu tun mit der ostasiatischer Religionen. Dort muss die Seele des Menschen solange immer wieder in andere Lebewesen zurückkehren bis sie ihre „karmische Schuld" in einem leidvollen Kreislauf abgebüßt hat. Für nicht wenige heutige Zeitgenossen scheint diese Weise des Weiterlebens nach dem Tod attraktiver zu sein als die christliche Erlösungslehre. Anscheinend ziehen sie es vor, statt des sogenannten „Fegfeuers", dessen Läuterungsleiden ausgelöst wird durch eine bren- nende Liebe zu Gott, lieber in Gestalt eines Esels oder einer Krähe ihr postmortales wiedergeborenes Dasein fristen zu müssen (vgl. Handwörterbuch des deutschen Aberglaubens Bd 7 Sp. 1578).

Jedenfalls erscheint der läuternde, die letzte Anhänglichkeit an die Sünde tilgende, Liebes- und Reueschmerz im Fegfeuer doch als das Menschenwürdigere. Außerdem sind die Aussichten, „dass Jesus Christus, der unseren armseligen Leib verwandeln wird in die Gestalt seines verherrlichten Leibes" (Phil 3,20) allemal zukunftsfroher.

„Die Wirkungen der Taufe sind: Anfang des neuen Lebens (Wiedergeburt!) aufgrund der Gemeinschaft in Jesu Christi Tod und Auferstehung, damit auch die Vergebung der Sünden und Heiligung und neue Schöpfung in einem realistischen Sinn" (Scheffczyk/Ziegenaus a.a.O. S.201). Allerdings ist diese Gemeinschaft mit Christus gefährdet durch Rückfälle in ein sündiges Leben. In Anbetracht der menschlichen Schwäche mahnt Paulus. „Müht euch mit Furcht und Zittern um euer Heil" (Phil 2,12). Einige seiner Neubekehrten haben dem Apostel argen Kummer bereitet, ja er hat sogar Tränen für sie vergossen (vgl. 1 Kor 5,1-13; 2. Thess 3,6 ff., Tim 1,19 f., Phil 3,18).

Ergänzende Literatur
Katechismus der Katholischen Kirche Nr 252-264
Youcat Jugendkatechismus der Katholischen Kirche Nr 194-202
I.&H. Obereder Das unglaubliche Glaubensbuch S.53-56

Das Sakrament der Sündenvergebung

Am Osterabend hat der auferstandene Herr darum den Aposteln die Vollmacht zur Sündenvergebung verliehen. „Wem ihr die Sünden nachlasset, dem sind sie nachgelassen, wem ihr sie behaltet, dem sind sie behalten" (Joh 20,23). Ist das nicht verwunderlich? Auch in den frühen Christengemeinden gab es Rückfälle in frühere heidnische Gewohnheiten. Die sogenannte „gute alte Zeit" gab es nie in der Kirche. Im ersten Johannesbrief steht: „Wenn wir unsere Sünden bekennen, ist er treu und gerecht; er vergibt uns die Sünden und reinigt uns von allem Unrecht" (1 Joh 1,9), und ferner: „Wenn aber einer sündigt, haben wir einen Beistand beim Vater: Jesus Christus ... er ist die Sühne für unsere Sünden..." (1 Joh 2,1f).

Das bedeutet doch, es braucht immer wieder das Sündenbekenntnis und die Sündenvergebung, auch nach dem einmaligen Akt der Taufe. Wer meint, er könne die Beichte, das Sakrament der Sündenvergebung für überholt halten, belügt sich selbst. Das Bußsakrament oder wie es neuerdings genannt wird, das „Sakrament der Versöhnung", ist durch das Konzil nicht abgeschafft oder durch die Generalabsolution ersetzt. Im Gegenteil, die Päpste haben immer wieder das verloren gegangene Sakrament angemahnt. Der selige Papst Johannes Paul II. hat im Jahre 2002 ein eigenes apostolisches Schreiben - MISERICÓRDIA DEI - erlassen. Darin heißt es: „Damit das Urteil über die Disposition des Büßers hinsichtlich der Gewährung bzw. der Verweigerung der Vergebung und der Auferlegung einer angemessenen Buße seitens des Spenders (=Priesters) gefällt werden kann, ist es notwendig, dass der Gläubige ... seine Sünden bekennt" (Vgl. Verlautbarungen des Apostolischen Stuhles Nr 153, Herausgeber Sekretariat der Deutschen Bischofskonferenz, Bonner Talweg 177, D 53129 Bonn).

Selbst wo in Ausnahmefällen die Generalabsolution gestattet ist, besteht nach wie vor die Pflicht, schwere Sünden bei nächstmöglicher Gelegenheit in einer persönlichen Beichte zu bekennen. Solche Ausnahmefälle sind, z.B. wenn Todesgefahr besteht und für den Priester die Zeit nicht ausreicht, um die Sündenbekenntnisse der einzelnen Pönitenten zu hören oder wenn eine schwere Notlage besteht und infolge kriegsbedingter oder meteorologischer Verhältnisse der Priester nur einmal oder wenige Male im Jahr vorbeikommen kann. So hatten z.B. die Wehrmachtspfarrer im Krieg die Vollmacht zur Generalabsolution mit der Auflage, die Soldaten darauf hinzuweisen, dass sie schwere Sünden bei nächster Gelegenheit in einer persönlichen Beichte bekennen müssen. „Es ist klar, dass Pönitenten, die im Gewohnheitszustand der schweren Sünde leben und nicht beabsichtigen, ihre Situation zu ändern, die Absolution nicht gültig empfangen können" (Apostol. Schreiben Misericordia Dei S. 11).

Das mag für heutige Zeitgenossen unzumutbar klingen, aber es ist die innere Logik der vom auferstandenen Herrn den Aposteln am Osterabend verliehenen Vollmacht, Sünden nachzulassen bzw. zu behalten. Es gibt keine „billige Gnade", denn sie hat das blutigen Kreuzesopfer des Erlösers gekostet Ganz gleich, ob in normaler Beichte oder ob bei einer Generalabsolution, ohne echte Reue mit dem Vorsatz, die Sünde zu meiden, gibt es keine Sündenvergebung. Die Lossprechung wäre ungültig, die Sünden wären nicht vergeben. Das griechische Wort im Evangelium für Bekehrung (metánoia) bedeutet Sinnesänderung, Sinneswandel Schon die Propheten des Alten Bundes fordern: „Zerreißt eure Herzen, nicht eure Kleider" (Joel 2,13). Doch „Christ sein nach heutiger Mode besteht weniger darin, unsere Sünden zu bereuen, als unser Christentum zu bereuen" (Nicolás Gómez Dávila).

Die Bußandachten sollen zur Sensibilisierung des Gewissens und zu wahrer Reue anleiten und nicht die persönliche Beichte ersetzen (vgl. die Erläuterung im Gotteslob Nr. 55 - Bußgottesdienst). Dort steht auch, dass „Todsünden vor dem nächsten Empfang der Eucharistie in der Einzelbeichte zu bekennen" sind. „Denn Todsünden schließen von der Kommuniongemeinschaft aus. Diese Trennung muss durch die sakramentale Lossprechung aufgehoben werden, ehe der Sünder am Gemeinschaftsmahl der Eucharistie teilnehmen darf." Aber wer liest das Kleingedruckte schon, und dazu noch auf dem frommen „Beipackzettel" zu einem heilsamen „Medikament", wie dem Bußsakrament? Und welcher Priester wagt es noch, darauf aufmerksam zu machen? Wer weiß noch, dass eine „Todsünde" begeht, wer in einer wichtigen Sache, mit klarer Erkenntnis und freiem Willen sündigt. Man lese einmal die „Lasterkataloge" des Apostels Paulus im 1 Korintherbrief (6,9-10) oder im Brief an die Galater (5,19-21). Dort stehen Vergehen, die u.U. heute als Kavaliersdelikte betrachtet werden. Statt der antiken Laster braucht man nur die entsprechenden modernen Laster einzusetzen, dann werden einem die Augen übergehen. Denn dort steht klipp und klar, dass „wer so etwas tut, das Reich Gottes nicht erben wird" (Gal 5,21; 1 Kor 6,10). Wenn Paulus heute die Passage im Römerbrief 1,18-32, wo er die gleichen

Perversionen von damals wie heute als gottwidrig ins Internet setzte, würde er wohl wegen Diskriminierung und Volksverhetzung angeklagt.

Ergänzende Literatur
Katechismus der Katholischen Kirche Nr.296-311
Youcat Jugendkatechismus der Katholischen Kirche Nr225-239
I.& H. Obereder Das unglaubliche Glaubensbuch S. 65-68

Falls der Leser bis hierher durchgehalten hat, möge ihn das Folgende wieder aufmuntern weiterzulesen:

Die Beichte eines Playboys

Da schlenderte eines Morgens ein Mann von 28 Jahren ziellos in den Straßen von Paris umher. Sein Name geht uns vorerst nichts an. Er entstammte einer adeligen Familie höherer Offiziere, lebte in den Ferien auf den Schlössern seiner Verwandten, war mit 20 Jahren Besitzer eines beträchtlichen Vermögens. Nach dem frühen Tod seiner Eltern wurde er vom Großvater aufgenommen, einem alten Oberst der französischen Armee, der ihm aber die Geborgenheit seiner innig geliebten Mutter nicht ersetzten konnte.. In der Pubertät wurde er faul und gefräßig. Wegen seiner Faulheit im Gymnasium vom Großvater vorsichtig ermahnt, antwortete er: „Aber warum soll ich mich denn anstrengen, bin ich denn nicht reich?" Später kamen noch Alkohol, maßlose Verschwendung, zweifelhafte Frauen und Aggressivität gegen bestehende Ordnungen hinzu. „Sein Glaube, voller Folklore-Erinnerungen an Weihnachtskrippen, Hausaltar und Maiandachten, war in einer kindlichen Phase steckengeblieben. Schon in der Oberstufe des Gymnasiums begann er zu zweifeln. Später streifte er seinen Glauben mühelos ab, angesteckt vom damaligen Zeitgeist eines Renan, Taine, Anatole France, Nietzsche und Rimbaud Er entdeckte jetzt seine Liebe zu den dichterischen Spöttern der Antike, Aristóphanes an der Spitze. Bei dieser Lektüre fand der Schmerz eines heimatlosen jungen Mannes ein Ventil" (H. Waach, Die Sahara war sein Schicksal S. 12-13).

Entsprechend der Familientradition sollte er eine Offizierslaufbahn antreten. Auf der Militärakademie wurde „Schweinchen Dick" unter den Kameraden als famoser Kerl, auch wegen seiner rauschenden Feste, die er finanzierte, beliebt. Er brachte es bis zum Leutnant. Als sein Regiment nach Algerien abkommandiert wurde, ließ er seine Geliebte „Mimi", aus der Pariser Halbwelt, als Marquise de Foucauld mit den Gattinnen der höheren Offiziere ebenfalls dorthin vorausfahren. Der Skandal war perfekt, als der Truppentransport eintraf. Vor die Wahl gestellt, die angebliche Marquise umgehend mit dem nächsten Schiff nach Frankreich zurückzuschicken, nahm er Abschied von der Armee, weniger aus Liebe zu „Mimi", sondern aus Stolz. Doch das luxuriöse Dasein hinterließ eine sinnlose Leere in ihm, die nicht mit Champagner, im Spielkasino und mit „Mimi" zu betäuben war. Als er in der Zeitung las, dass im Süd-Oran sein Regiment bei einem Aufstand in schwere verlustreiche Kämpfe verwickelt war, meldete er sich kurz entschlossen wieder zur Armee zurück und fuhr zu seiner Einheit. Seine früheren Kameraden konnten sich ein kämpfendes „Schweinchen" schlecht vorstellen. Sie täuschten sich. Nun lohnte es sich, für etwas dazusein. Wie staunten seine Kameraden. Er kämpfte stets in den vordersten Linien, achtete weder Anstrengung noch Gefahr. Afrika faszinierte ihn. Die grenzenlose Weite und Stille der Wüste hatten es ihm angetan. Was ihn besonders beeindruckte, war die Religiosität der eingeborenen Männer, die sich viermal am Tag zum Gebet vor Allah zu Boden warfen. Das war eine neue Erfahrung. In seiner Familie gab es zwar fromme Frauen, aber die Männer der Kreise, in denen er verkehrte, hatten eine mehr oder weniger „aufgeklärte" unverbindliche Religion. Der Leser wird inzwischen vermutlich gemerkt haben, dass es sich bei der geschilderten Person um Charles de Foucauld (1858-1916) handelt.

Auf eigene Faust durch Marokko

Sein Antrag um Urlaub zu einer Erkundungsreise in den Süden Algeriens wurde von der Truppe abgelehnt. Daraufhin nahm er erneut seinen Abschied von der Armee. Seine Angehörigen in Frankreich waren außer sich und ließen ihn entmündigen aus Sorge, er könne sein großes Vermögen durchbringen; hatte er doch einmal einen ganzen Weinkeller gekauft, weil ihm die Weinsorte als ausgezeichnet beschrieben worden war.

Nun bereitete er sich ernsthaft auf eine Reise vor, um das an Algerien angrenzende Marokko zu erkunden. Dazu lernte er Arabisch, studierte in der Bibliothek von Algier die Geographie des Landes, von dem es nur unvollständige Karten gab. Unter Anleitung von Fachleuten erlernte er den Umgang mit Sextant, Chronometer und Theodolit, den Messinstrumenten für die Erstellung von Landkarten. Aber das eigentliche Problem war, um dort hinein zu gelangen, riskierte man sein Leben. Ein jüdischer Rabbi, der nach einer Verdienstmöglichkeit suchte, erbot sich als Reiseführer. Allerdings konnte Charles nur als Jude verkleidet die Reise riskieren. Denn die Juden wurden in Marokko von den Moslems zwar verachtet, aber geduldet. Nun lernte er Hebräisch und Ladino, das von den aus Spanien vertriebenen Juden in Marokko gesprochen wurde. Nachdem sein Vormund sich in einem Gespräch von der Ernsthaftigkeit überzeugt hatte, genehmigte er die regelmäßige Auszahlung des Geldes zum Lebensunterhalt und die Finanzierung der nötigen Ausrüstung. Zu Fuß, auf Kamelen und Eseln machte Foucauld die 3000 Kilometer lange Reise als „schmutziger Jude" verkleidet. Statt in luxuriösen Appartements erstklassiger Hotels kampierte er mit seinem jüdischen Begleiter in Unterkünften und Behausungen, wo es von Ungeziefer wimmelte. Bei diesem riskanten Unternehmen trug er den Sextanten unter seinem Mantel versteckt mit sich. Die Rückkehr aus Marokko nach elf Monaten wurde zum Triumph. Nach Auswertung seines Forschungsmaterials, die zwei Jahre beanspruchte, bekam er die Goldmedaille der Geographischen Gesellschaft in Paris.

Bei all seinem Erfolg und der Anerkennung seiner Familie, wurde er nicht glücklich. Die Entbehrungen und die Einsamkeit der Wüste hatten ihn geprägt. Seine elegante Wohnung in Paris richtete er marokkanisch ein, schlief nachts auf dem Fußboden statt im Bett. Zwar kaufte er sich elegante Kleidung, da er seine Verwandten immer wieder besuchte und im Salon seiner Tante Ines Moitessier auf Literaten von Rang, Diplomaten, Offiziere und Geistliche traf, die sich dort zu zwangloser Unterhaltung, aber auch zu ernsten Gesprächen einfanden. Hier beggenete er auch seinem späteren Seelenführer, Abbé Huvelin, einem stillen, freundlichen Zuhörer, der keine religiösen Reden hielt, sondern einfach da war. Der Mann beeindruckte ihn. Aber Charles de Foucauld hielt sich reserviert, er wollte sich nicht von ihm einfangen lassen. Der machte auch gar keine Anstalten dazu, ja er lud ihn noch nicht einmal zu einem persönlichen Gespräch ein, als Foucauld ihm gestand, dass sein religiöses Wissen gleich null sei. Doch suchte er immer wieder die Stille von Kirchen auf. Die Sahara hatte ihn die Stille und Einsamkeit schätzen gelernt.

An jenem Morgen, als Charles de Foucauld ziellos durch die Straßen von

Paris schlenderte, kam er an der Kirche Saint-Augustin vorbei und trat ein. Der Beichtstuhl von Abbé Huvelin war erleuchtet, aber es waren keine Leute davor, die beichten wollten. Er betrat den Beichtstuhl nicht um zu beichten und sagte, er glaube nicht, er wolle nur gern einige Glaubensfragen besprechen. Der Abbé daraufhin: „Knien Sie nieder und beichten Sie, dann werden Sie den Glauben finden." Als Foucauld Einwände vorbringen wollte, kam lapidar zurück: „Beichten Sie!" Und Foucauld kniete sich und beichtete. Viel später schrieb er: „Von der Stunde an wusste ich, dass es einen Gott gibt und ich ihm mein Leben weihen müsste." - Wie es weiterging?

Manchmal kamen ihm Zweifel, vielleicht einer Suggestion aufgesessen zu sein, dann wieder lehnte er sich innerlich auf gegen das ihm so fremde Glaubenleben. Andererseits herrschte in ihm das Glück vor, Gott gefunden zu haben und von ihm geliebt zu sein. Der verzehrende Wunsch kam auf, Jesus Christus nachzufolgen in seiner Armut und zwar auf dem letzten Platz. Die Beichte hatte den entscheidenden Umschwung seines Lebens gebracht. - Und weiter?

Hier die Auflistung weiterer Stationen seines Lebens: Eintritt in ein Trappistenkloster. Doch der Orden erfüllte auf Dauer nicht seine Berufung, ganz dem armen Jesus von Nazareth zu folgen.. Nach Gesprächen mit dem Generalabt in Rom, erteilte der die Dispens von den Ordensgelübden. „Bruder Charles von Jesus" verließ 1897 Rom in der Tracht eines orientalischen Arbeiters und reiste per Schiff nach Haifa, von dort zu Fuß nach Nazareth. Dort wurde er Hausknecht im Kloster der Armen Klarissen gegen Kost und Logis. Seine Unterkunft war außerhalb der Klausur im Geräteschuppen des Klostergartens. Hier gedachte er dem verborgenen Leben Jesu in Nazareth nachzufolgen. Nach einem Jahr gab ihm die Oberin den Rat, doch Priester zu werden, dann könne er mehr für die Menschen tun. Am 29. September 1900 traf er wieder im Trappistenkloster in Frankreich ein, um sich auf das Priestertum vorzubereiten. Am 23. März 1901 wurde „Bruder Charles von Jesus" zum Diakon geweiht, am 19, Juni 1901 war seine Priesterweihe in Viviers (Frankreich). September 1901 zurück nach Algerien => Oase Beni Abbès im Süden Orans. Er hatte eine Ordensregel verfasst zur Nachfolge des armen Jesus von Nazareth, aber keiner schloss sich ihm an. Das war seine große Bekümmernis. Sein einziger Gefährte war Jesus im allerheiligsten Altarsakrament. – Und schließlich (1905) Endstation: „am Ende der Welt" => die Einsiedelei in Tamanrasset am Rand der Sahara, wo er nur durch sein

Dasein unter den Moslems das Evangelium verkünden wollte. Nach elf Jahren unter den Einheimischen (ohne einen Menschen bekehrt zu haben), wird Charles de Foucauld am 1. Dezember 1916 von Aufständischen erschossen. Fünfzig Jahre nach seinem Tod entstehen nach seinen Ordensregeln die „Kleinen Brüder und Kleinen Schwestern Jesu", deren Bekannteste Mutter Theresa von Kalkutta ist. Seligsprechung am 13. November 2005.

Quellen: Hildegard Waach, Die Sahara war sein Schicksal
Ferdinand.Holböck, Das Allerheiligste und die Heiligen

ELFTER GLAUBENSARTIKEL

„ICH ERWARTE DIE AUFERSTEHUNG DER TOTEN" (CREDO)
„ICH GLAUBE AN DIE AUFERSTEHUNG DES FLEISCHES" (APOSTOLIKUM)

Auch dieser Glaubensartikel gehört – wen verwundert das noch – zu den angezweifelten und als unglaublich empfundenen Wahrheiten. Und das nicht erst seit heute. Schon zur Zeit Jesu war die Auferstehung umstritten. „Einige von den Sadduzäern, die die Auferstehung leugnen, kamen zu Jesus" (Lk 20,27) und brachten die Frage vor, wem denn die Frau, die mit sieben Männern verheiratet war, nach der Auferstehung wohl angehöre. Die Pharisäer dagegen bekannten sich zur Auferstehung. Vgl Apg 23,8. Und als Paulus in seiner Rede vor dem Areopag in Athen auf die Auferstehung zu sprechen kam, „spotteten die einen", die anderen komplimentierten ihn vornehm hinaus: „Darüber wol len wir dich ein andermal hören" (Apg 17,32). Somit gibt´s auch in diesem Falle: „Nichts Neues unter der Sonne" (Koh 1,10).

Auch unter heutigen Theologen gibt es die unterschiedlichsten Auffassungen über die Auferstehung der Toten, vor allem, was die „Auferstehung des Fleisches" betrifft. Denn es geht dabei nicht nur um ein Weiterleben nach dem Tod, z.B. der Seele des Menschen; sondern Auferstehung betrifft auch den Leib des Menschen. Welchen Sinn sollte sonst das Wort Auferstehung haben?

Der Raketenforscher und Pionier der Weltraumfahrt, Wernher von Braun hat sich einmal so geäußert: „In unserer modernen Welt scheinen viele Menschen zu glauben, die Wissenschaft habe `religiöse Gedanken´ unzeitgemäß gemacht und man müsse sie daher als überholt betrachten. Die Wissenschaft hat jedoch gerade für den religiösen Skeptiker eine große Überraschung bereit: sie sagt eindeutig, dass in unserer Welt nichts – nicht einmal das kleinste Teilchen – verschwinden kann, ohne eine Spur zu hinterlassen. Denken Sie einmal einen Augenblick darüber nach, und Ihre Gedanken über Sterblichkeit und Unsterblichkeit werden niemals mehr die gleichen sein. Die moderne Wissenschaft sagt, dass nichts wirklich spurlos verschwinden kann. Die Wissenschaft kennt keine totale Auflösung oder Vertilgung. Alles, was sie kennt, ist Verwandlung. Wenn Gott dieses fundamentale Grundprinzip auch auf das unbedeutendste Teilchen eines grenzenlosen Universums anwendet, ist es dann nicht nur vernünftig zu vermuten, dass dieser göttliche Grundsatz auch für sein Meisterstück, die menschliche Seele Anwendung findet? Alles, was mich die Wissenschaft lehrt – und nicht aufhört zu lehren -, bestärkt mich in meinem Glauben an die Fortsetzung unserer Existenz nach dem Tode. Denn nichts verschwindet, ohne eine Spur zu hinterlassen, und Vergehen ist nur Verwandlung."

Was Wernher von Braun hier von der menschlichen Seele sagt, muss das nicht auch vom menschlichen Leib gelten? Denn die Leib-Seele-Einheit gehört zum Wesen des Menschen. Das wäre zu bedenken, auch gegenüber jener Ganztod-Hypothese einiger protestantischer Theologen, die der Ansicht sind, dass der Mensch im Tod total ausgelöscht wird, nicht nur der Leib, sondern auch die Geistseele nicht mehr existiere. Gott würde bei der Auferstehung der Toten den Menschen ganz neu erschaffen. Wo bleibt da noch die Identität des neu erschaffenen Menschen mit dem Menschen vor seinem Tod?

Im Johannesevangelium wird diese Identität ausgesprochen: „Es kommt die Stunde, da alle, die in den Gräbern sind, seine (des Menschensohnes) Stimme hören und herauskommen werden: Die Gutes getan haben, werden zum Leben auferstehen, die Böses getan haben, zum Gericht" (Joh 5,28f). H. Conzelmann interpretiert diese Stelle so: „Die Toten stehen zunächst unverändert auf (damit sie zu erkennen sind). Dann werden die Sünder und die Gerechten in die ihnen gebührende Gestalt verwandelt" (zitiert in Scheffczyk/Ziegenaus, Katholische Dogmatik VIII S.238 Fußnote 56).

Schon der Apostel Paulus musste sich mit der Frage der Auferstehung des

Leibes befassen: „Nun könnte einer fragen: Wie werden die Toten auferweckt, was für einen Leib werden sie haben (1 Kor 15,35)?" Paulus bringt dann den Vergleich mit dem Samenkorn, das in die Erde gesenkt, stirbt und in anderer Gestalt aufgeht. „Gesät wird ein irdischer Leib, auferweckt ein überirdischer Leib. Dieses Vergängliche muss sich mit Unvergänglichkeit bekleiden, dieses Sterbliche mit Unsterblichkeit" (1Kor 15, 44. 53). Während die Juden sich die Auferstehung mehr als eine Art Fortsetzung des irdischen Lebens vorstellten, „dachten die Christen an eine Verwandlung des Leibes analog zum Auferste- ungsleib Christi" (Scheffczyk/Ziegenaus a.a.O. S. 240). Davon zeugt die Stelle im Philipperbrief: „Unsere Heimat ist im Himmel. Von dorther erwarten wir auch Jesus Christus unseren Herrn, als Retter. Er wird unseren armseligen Leib verwandeln in die Gestalt seines verherrlichten Leibes" (Phil 3,20f). Dem entsprechend ist der Auferstehungsleib Christi sozusagen das Modell, nach dem unsere Leiber in der Auferstehung gebildet werden. Die österlichen Erscheinungen des Auferstandenen vermitteln eine Ahnung davon. Der Leib des auferstandenen Christus unterliegt nicht mehr den materiellen Gesetzen dieser Welt. Darum kann er bei verschlossenen Türen mitten unter den darüber erschrockenen Jüngern auftreten. Aber zugleich sind es seine Wundmale, die zeigen, dass der Auferstandene mit dem Gekreuzigten identisch ist.

Paulus verweist im Römerbrief auf den Zusammenhang der leiblichen Auferstehung des Christen mit der Auferstehung Christi: „Wenn der Geist dessen in euch wohnt, der Jesus von den Toten auferweckt hat, dann wird er, der Christus Jesus von den Toten auferweckt hat, auch euren sterblichen Leib lebendig machen, durch seinen Geist, der in euch wohnt" (Röm 8,11). Weil die Gefahr besteht, dass die „Auferstehung der Toten" ohne die Ergänzungsformel „Auferstehung des Fleisches" einen anderen Sinn erhält, hat die Glaubenskongregation angeordnet, dass in künftigen Übersetzungen des Apostolischen Glaubensbekenntnisses wörtlich „des Fleisches" zu übersetzen ist (vgl. Scheffczyk/ Ziegenaus a.a.O. S.264 Fußnote 132). Mögen die Theologen die Fragen diskutieren, die mit der „Auferstehung des Fleisches" sich stellen. So bedeutet nach Bultmann Auferstehung „letztlich das neue Selbstverständnis der Jünger" (a.a.O. S.259). Da muss man sich doch fragen, ob nicht u.U. auch auf den einen oder anderen in diesem Zusammenhang das Wort Jesu an die Sadduzäer zutrifft: „Ihr kennt weder die Schrift noch die Macht Gottes" (Mt 22, 29).
Was das moderne Selbstverständnis im Hinblick auf die Zukunft nach dem

Tod angeht, mag das folgende poetische Produkt belegen:

„METAMORPHOSE
Was redet ihr, es blieben
nach unserem Tod die Seelen unversehrt.
So viele Tröstung steht geschrieben,
so vieles ist verkehrt.
Nur eine Möglichkeit macht hoffen.
Im Marmor findet sich Pigment
von bei gemischten Kohlenwasserstoffen,
die man als Tierfettreste kennt.
Man wird von uns nach dem Zerfall
graphitne Spuren sehen.
Als Unverlierbare im All
werden wir auferstehen.
(Arno Reinfrank „Feuerbefragung" Poesie der Fakten 3)

Justin, der erste christliche Philosoph (als Märtyrer + um 165) schreibt: „Ich und alle, die sich Christen nennen, wissen, dass es eine Auferstehung des Fleisches gibt". Und Tertullian (+ nach 220) beginnt seine Schrift „De carnis resurrectione", Von der Auferstehung des Fleisches: „Die Auferstehung der Toten ist die Zuversicht der Christen" (zitiert bei Scheffczyk/Ziegenaus a.a.O. S. 244): Dem Leser bleibt es überlassen, ob er lieber seine Hoffnung darauf setzt: als graphitne Schliere im Marmor irgendwo im All zu überdauern oder mit verklärtem Leib Anteil zu haben an Christi himmlischer Herrlichkeit. „Während vor dem Tod alle Träume nichtig werden, bekennt die Kirche, belehrt von der Offenbarung Gottes, dass der Mensch von Gott zu einem seligen Ziel jenseits des irdischen Elends geschaffen ist. Gott rief und ruft nämlich den Menschen, dass er ihm in der ewigen Gemeinschaft unzerstörbaren göttlichen Lebens mit seinem ganzen Wesen anhange. Diesen Sieg hat Christus, da er den Menschen durch seinen Tod vom Tode befreite, in seiner Auferstehung zum Leben errungen" (II. Vatikan. Konzil, Pastoralkonstitution Kirche in der Welt von heute Artikel 18).

Ergänzende Literatur
Katechismus der Katholischen Kirche Kompendium Nr. 202-206
Youcat Jugendkatechismus der Katholischen Kirche Nr. 152-155
I,&H. Obereder, Das unglaubliche Glaubensbuch S 101-104

ZWÖLFTER GLAUBENSARTIKEL

„ICH GLAUBE DAS EWIGE LEBEN" (APOSTÓLIKUM)
„ICH ERWARTE DAS LEBEN DER KOMMENDEN WELT" (CREDO)

1. KAPITEL

„ICH GLAUBE AN DAS EWIGE LEBEN"

„Wir wissen, dass Christus, von den Toten auferweckt, nicht mehr stirbt; der Tod hat keine Macht mehr über ihn" (Röm 6,9). Das heißt, Er wurde ins „ewige Leben" auferweckt. Wobei „ewig" mehr bedeutet als nur eine Dauer ohne Ende. „Ewig ist nicht so sehr die Bezeichnung einer Quantität, als vielmehr einer Qualität, der spezifischen und ganz einmaligen Weise Gottes, zu sein, zu dauern" (H. Volk, Gesammelte Schriften III S. 143). Da gibt es kein Früher, kein Später – nur das ständige „Jetzt". In Offb 1,4 schreibt Johannes den sieben Gemeinden „von IHM, der ist und der war und der kommt". Die Daseinsweise Gottes ist ein „ewiges Heute" (Th. Wb. z. NT I S.198, 15).

Im Unterschied dazu läuft menschliches, irdisches Leben ab, ist ein Leben auf den Tod zu. Diesseitiges Leben ist zeitlich begrenzt, hat nicht nur eine begrenzte Lebensdauer, sondern auch nur eine begrenzte Lebenskraft, nur eine begrenzte Erlebnisfähigkeit. Gottes Leben dagegen ist frei von solchen Begren- zungen, ist „Leben in Fülle" (Joh 10,10). „Ewiges Leben" ist himmlisches Leben, Leben in der Fülle Gottes. Darum sprechen wir auch von der „ewigen Seligkeit". Der Mensch braucht die ganze Ewigkeit dazu, um dieses Leben auszukosten; er bekommt es nie satt. Er wird der ewigen Seligkeit nie überdrüssig, sie wird ihm nie zur schalen Freude. Die Lobgesänge der Himmelsbewohner in der Offenbarung des Johannes (5,9-14; 11,15-18; 12,10-12; 15,3-4; 19,1-8) bekunden das mit brausendem Jubel (Vgl. 14,1-3).

Paulus schreibt vom „Reichtum der Herrlichkeit" (Eph 1,18), die die Heiligen erben. Diese „Herrlichkeit Gottes, des Vaters," (Gloria der Messe) wurde Jesus in seiner Auferstehung, seiner „Erhöhung" (Joh 12,32; Apg 2,33), seiner Aufnahme in den Himmel zuteil (vgl. Eph 1,20-23). Der Apostel überschlägt sich geradezu in nicht mehr zu überbietenden Worten in der Beschreibung der Verherrlichung Christi beim Vater im Himmel. Auch „Herrlichkeit" ist eine der spezifischen Eigenschaften Gottes, sozusagen eine göttliche Qualitätsbezeichnung. Zwischen der Verherrlichung Christi und der Verherrlichung des Menschen im „ewigen Leben" besteht ein Zusammenhang. Im Römerbrief schreibt Paulus von „der Herrlichkeit, die an uns offenbar werden soll" (Röm 8,18). Denn die von Gott Berufenen sind dazu bestimmt, „an Wesen und Gestalt seines Sohnes teilzuhaben" (Röm 8,29). So gesehen ist himmlische „Herrlichkeit" die Weise des „ewigen Lebens". Darum kann Paulus schreiben:„Wir rühmen uns unserer Hoffnung auf die Herrlichkeit Gottes" (Röm 5,3). Angesichts der Herrlichkeit Gottes versagt jegliche menschliche Vorstellung vom ewigen Leben. Dem zufolge heißt es in 1 Kor 2,9: „Welche Herrlichkeit Gott für die bereit hält, die ihn lieben, hat kein Auge je gesehen, kein Ohr je vernommen, kein Herz je erfasst" (Übersetzung Berger/Nord). Was für ein Unterschied zu den Schilderungen üppiger und sinnlicher Freuden, welche die Allah Nahegebrachten im Paradies erwarten! (Vgl. Koran 44. Sure Verse 51-57 55. Sure Verse 46-78; 56. Sure Verse 8-39).

Laut Karl Marx ist „Religion Opium", eine Droge, um die unhaltbaren Zustände dieser Welt erträglich zu machen durch Vertröstung auf ein besseres Jenseits. Die Marxisten bekämpften deswegen die Religion und die Gläubigen bis aufs Blut, weil sie die Menschen davon abhalten würden, an der radikalen Umkrempelung der irdischen Zustände zu arbeiten, um das „Paradies auf Erden" zu schaffen. Die gen Himmel gestreckte geballte Faust Lenins, Chruschtschows, Anna Paukers und Genossen ist die Anti-Geste der zum Himmel erhobenen betenden Hände. Das 20. Jahrhundert hat infolge dessen mit seinen Kriegen, Revolutionen und dem Terrorismus statt des verheißenen Paradieses einer klassenlosen Gesellschaft die „Hölle auf Erden" gebracht.

Der Christ, der an das ewige Leben glaubt, muss nicht über die Leichen seiner Mitmenschen gehen, wie die Revolutionäre, um eine bessere Zukunft zu erkämpfen. Er kann das ihm Mögliche tun, um die Welt zu verbessern. Er braucht nicht zu verzweifeln oder gar zum Terroristen werden, wenn er bei seinem Bemühen erfolglos sein sollte, weil er darum weiß, „dass die Leiden dieser Zeit nicht zu vergleichen sind mit der Herrlichkeit, die an uns offenbar werden wird" (Röm 8,18).

In der Sendung „Menschenbilder" von Radio Österreich I wurde eine jüdische Schriftstellerin anlässlich ihres 90. Geburtstages gefragt, was sie sich für die Zukunft noch wünsche. Antwort der alten Dame: „Was kann man sich mit neunzig noch wünschen als ins Paradies zu kommen!"

Als Paulus und Silas, nachdem man sie ausgepeitscht hatte und im Sicherheitstrakt des Gefängnisses von Philippi, die Füße im Block, eingesperrt hatte, „beteten sie und sangen Loblieder mitten in der Nacht" (Apg 16,25). Was sie in dieser Situation nicht nur Bittgebete, sondern Lobgesänge anstim- men ließ, war ihr Glaube: „Miterben Christi" zu sein, wenn sie „mit ihm leiden, um mit ihm auch verherrlicht zu werden" (Röm 817).

Das ist die Kraft, die Gläubige das irdische Leben durchhalten lässt: „Die Hoffnung auf Herrlichkeit" (Kol 1,27). Paulus schreibt voller Zuversicht: „Wir rühmen uns unserer Hoffnung auf die Herrlichkeit Gottes" (Röm 5,3). Fundament dieser Hoffnung ist der Glaube an das „Ewige Leben"!

Nach dem Sonnengesang des heiligen Franziskus:

Herr Gott, ich preise Dich im stillen
um Deiner Werke Pracht,
auch um der Schmerzen und des Todes willen,
die Du erdacht.
Denn unsre Trauer wird zur Freude wenden
sich einst im Zeitenlauf,
schließt Bruder Tod uns erst
mit sanften Händen
des besseren Lebens Pforte auf.
Und selig die, so in dem Herren sterben,
ohne Furcht und Grau'n,
Sie werden froh die Ewigkeit erwerben
und keinen zweiten Tod mehr schau'n.

Ergänzende Literatur
Katechismus der Katholischen Kirche Kompendium Nr. 201-213
Youcat Jugendkatechismus der Katholischen Kirche Nr.156-162
I.&H. Obereder, Das unglaubliche Glaubensbuch S. 101-104

2. KAPITEL

„WIR ERWARTEN DAS LEBEN DER KOMMENDEN WELT"

Eines Tages fragte Petrus den Meister: „Du weißt, wir haben alles verlassen und sind dir nachgefolgt. Was werden wir dafür bekommen" (Mk 10,28). Die Antwort Jesu darauf: „Amen ich sage euch: Jeder, der um des Reiches Gottes willen Haus oder Frau, Brüder, Eltern oder Kinder verlassen hat, wird schon in dieser Zeit das Vielfache erhalten und in der kommenden Welt das ewige Leben" (Lk 18,29f). Am Ende des Credo steht die gleiche Zukunftserwartung mit den gleichen Worten.

Sowohl das Evangelium als auch das Glaubensbekenntnis vom ersten Konzil von Konstantinopel (381) gebrauchen das gleiche griechische Wort für die kommende Welt, das wir im Deutschen als Lehnwort kennen, wenn wir von „Äonen" sprechen. Im Griechischen hat das Wort „Äon" die Bedeutungen von Zeitalter, Generation, Zeitraum, Weltzeit, Welt. Bei Platon hat es auch den Sinn von „Ewigkeit". Und im Anschluss an Platon hat der jüdische Philosoph Philo von Alexandrien (25 v. Chr. bis 50 n.Chr.) diese Bedeutung von Äon = Ewigkeit übernommen. Wir sprechen ja auch davon, wenn ein Mensch stirbt, dass er in die Ewigkeit geht, uns ins Jenseits, die andere Welt vorausgeht.

Die Schlussformel vieler Gebete: „Von Ewigkeit zu Ewigkeit" hat die Kirche von den Rabbinen übernommen. Die Rabbinen haben ihre Lobpreisungen und Segnungen anfangs mit „bis in Ewigkeit" geschlossen. Da die Sadduzäer aber die Auferstehung leugneten und nur an das Leben in diesem Äon glaubten, erweiterten die Rabbinen die Schlussformel ihrer Segensgebete in „von Ewigkeit zu Ewigkeit", d.h. von dieser Welt bis in die andere Welt (vgl. Theolog. Wörterbuch zum NT I S. 207, 12-17). (Eigentlich hätte die Kirche in der Nazizeit ebenfalls mit einem Judenstern versehen werden müssen, weil sie von ihrer Abstammung her eine Judenkirche war. An meiner Volksschule gab es tatsächlich einen Nazilehrer, der die Kinder in der Schulbibel alle jüdischen Wörter oder Hinweise auf das Alte Testament ausstreichen ließ.)

Schon im Neuen Testament werden der gegenwärtige Äon und der kommende Äon, diese Welt und die künftige Welt einander entgegengesetzt (vgl. 1 Kor 2,6-9). Auch wenn diese von Gott uns bereitete Zukunft sich unserer Vorstellungskraft entzieht – „was kein Auge je gesehen und was kein Ohr je gehört, was in keines Menschen Herz aufgestiegen ist" (1 Kor 2,9) - so ist die kommende Welt doch nicht inhaltsleer. Die Heilige Schrift gebraucht dafür Gleichnisse und Bilder: „Reich Gottes", „Himmelreich", „Himmel" (Mt 5,10.12). Im 2. Petrusbrief begegnen wir einem anderen Vergleich für die kommende Welt: „Seiner Verheißung gemäß erwarten wir einen neuen Himmel und eine neue Erde" (3,13). Darin steckt die Erwartung eines Neuanfangs, großartiger als die seitherige Schöpfung. Vgl. „Wenn die Welt neu geschaffen wird..." (Mt 19,28). In der Erwartung der kommenden neuen Welt finden sich Anklänge an das Paradies. Vgl. „Baum des Lebens" (Gen 2.9 => Offb 22, 2.14). „Strom der Wasser des Lebens" (Gen 2,10 => Offb 22, 1). Der Neuanfang, den Gott setzt, übertrifft den Anfang bei der Erschaffung der Welt. Die Sehnsucht des Menschen nach der heilen Welt ohne „Tränen", „Trauer", „Tod", „Klage" und „Mühsal" (Offb 21,4) wird dann gestillt werden.

Auch die Vision vom „neuen Jerusalem" (21,2f.10-27) ist hier zu nennen. Das irdische Jerusalem, die heilige Gottesstadt, wenigstens einmal im Leben besuchen zu können, war die Sehnsucht eines jeden frommen Juden in der weltweiten Diaspora. Mittelpunkt der neuen Welt wird die „von der Herrlichkeit Gottes erfüllte heilige Stadt, das himmlische Jerusalem" (Offb 21,11) sein, wo Gott „in ihrer Mitte wohnt" (Offb 21,3), und man „sein Angesicht schauen" darf (Offb 21,4).

Mit all diesen gleichnishaften und bildhaften Aussagen wird ausgedrückt die Verheißung der unmittelbaren Gemeinschaft mit Gott. Keiner braucht sich daran zu stoßen, dass von gleichnishaften und bildhaften Vorstellungen die Rede ist. Denn das, was wir in irdisch-menschlichen Begriffen darüber sagen können, ist unvollkommen, nur schwaches Gleichnis. Aber es steckt dahinter die Realität der „kommenden Welt" (vgl. 1 Kor 13,12). Was die blühendste menschliche Phantasie sich dazu auszudenken vermag, ist trivial. Unsere erhabensten Gedanken und Vorstellungen darüber sind banal gegenüber der Wirklichkeit dessen, was uns erwartet. Selbst Dantes geniale „Göttliche Komödie" bleibt weit abgeschlagen dahinter zurück. Wenn wir uns schon die Realitäten der materiellen Welt, von denen z.B. die Quantenphysik handelt, oder die sogenannten „schwarzen Löcher", von denen die Astrophysik spricht, nicht mehr vorstellen können, wie viel weniger dann die Wirklichkeit der übernatürlichen jenseitigen Welt.

Was wir erwarten mit dem „Leben der kommenden Welt" ist keine Utopie, sondern unvorstellbare Realität. Eigentlich könnte es einem vor Staunen den Atem verschlagen, wenn nicht die Stumpfsinnigkeit, die wir nicht selten als Skepsis vorgeben, uns daran hindern würde. Die Heiligen jedenfalls waren davon so fasziniert, das es manche buchstäblich vom Boden gerissen hat. Der große Denker und Theologe des Mittelalters, der heilige Kirchenlehrer Thomas von Aquin, wollte gegen Ende seines Lebens nichts mehr schreiben, mit der Begründung, er habe Dinge geschaut, die ihm alle seine gelehrten Werke wie leeres Stroh erscheinen ließen. - Unser Herz sollte eigentlich übergehen vor fassungsloser Freude in der Erwartung des Lebens der kommenden Welt, wo „Gott sein wird alles in allem" (1 Kor 15,28).

Die Binde vor den Augen

In seinem Buch „Der Weltkrieg im schwäbischen Himmelreich" bringt der Priester und Schriftsteller Peter Dörfler (1878-1955) die Geschichte von einem bayrischen Soldaten, der in den Vogesenkämpfen des ersten Weltkrieges durch eine Kopfverletzung beide Augen verloren hatte. Im Folgenden die (gekürzte) Erzählung:

Das Gesicht des Kranken war so wund und zerrissen, dass dieser nicht unterscheiden konnte: saß der größere Schmerz in der Stirn oder an den Backenknochen. Ihm war, als sei alles eine Wunde und eine Geschwulst. Und doch ließ er sich nichts anmerken, sondern leistete sich gelegentlich einen Scherz: „Seh ich denn noch nit bald raus? So ein Geschwollener, wie ich bin! Das hätt ich mir doch nit getraut." Oder: „ Aber jetzt wird mir bald zu eng in meiner Arche, ich möchte gern aussteigen und einen Regenbogen sehen."

Sepp war bald der Liebling des ganzen Saales. Von seinen Leidensgenossen waren viele furchtbar verstümmelt. Dem einen fehlten die Arme, bei anderen tat ein Lungenflügel nicht mehr mit. Jeder hatte zu seufzen und mit sich zu tun. Aber wenn der Arzt an Sepps Lager hintrat, dann wandten sich alle Augen mit einem seltsamen Blick dorthin. Und sie bekamen Herzklopfen vor dem entsetzlichen Augenblick, der über kurz oder lang kommen musste. Denn jedes Mal kehrte die gleiche Bitte wieder, und jedes Mal dringlicher und ungeduldiger: „Nehmt mir doch die Binde von den Augen! Ich möchte meine Kameraden sehen, mit denen ich red, und die bayrische Sonn und den bayrischen Himmel, weiß und blau, wie´s im Lied heißt, das wir immer gesungen haben."

Der Arzt streichelte dem Bittenden über das allmählich länger werdende Kraushaar, tätschelte ihn wie ein Kind und tröstete: „Sepp, hab noch acht Tage Geduld! Weißt, der Kopf ist eben ein edler Teil, auch bei dir, Sepp! In einem Kopf steckt allerlei feines Werkzeug, das heikel zu kurieren ist. Da gibt´s nicht nur Heu und Stroh, wie dir dein Feldwebel vorgemacht hat, sondern z.B. Augen, und die sind sehr heikel. Und eine Gehirnhautentzündung ist im Handumdrehen da, so geschwind, wie so eine Franzosenkugel. Also, mein Freund, acht Tage Geduld."

Aber endlich spürt Sepp keine Schmerzen mehr. Er klopfte mit der Faust gegen die Stirn und überprüfte mit fest zugreifenden Fingern durch die Binde hindurch Nase, Augen und Wangen. „Alles kerngesund!" triumphierte er. Dann nahmen sie ihm die Binde von den Augen. Keiner im weiten Saal wagte zu atmen, eine peinvolle Stille lag um Sepp, so dass er erstaunt umherhorchte. Die Binde war weg, er aber saß immer noch harrend im Bett und wartete auf die Befreiung. Endlich flehte er wieder: „Aber Herr Doktor, tun Sie mir die Binde halt weg, ich bitt´ Sie mit aufgehobenen Händen!" Er legte die kraftvollen Finger ineinander und war anzusehen wie ein betendes Kind. Durch den Saal ging ein Flüstern und Knistern. Die Einarmigen und die Männer ohne Fuß und Bein weinten um ihren ärmsten Kameraden.
Der Arzt, der in den letzten Tagen Elend ohne Ende gesehen hatte, würgte und schluckte, und endlich sprach er, indem seine feine Hand das junge Kriegerantlitz streichelte und liebkoste, stoßweise: „Sepp, weißt, die Binde, die ich wegtun konnte, hab ich wohl weggetan. Aber die andere, die kann ich dir nicht wegtun ... Das kann der liebe Gott einmal. Sie haben dir die Augen ... gelt, du bist schon brav und tapfer ... die Augen ausgeschossen ... deine lieben Sternlein sind erblindet."

Sepp fuhr mit seinen beiden Händen unter seine Brauen und griff umher, als wollte er von da etwas wegziehen. Dann neigte er sich vor, wie einer der in weiter Ferne etwas erspähen will, krampfte die Stirnfalten zusammen, riß die versengten Augenlider auf und machte die unsagbarsten Anstrengungen, um die Finsternis zu durchbrechen. Es war anzusehen, wie wenn einer an eisernen Ketten zerrt und sie nicht zu zerreißen vermag.
Endlich musste er erkennen, dass es ihm nicht gelingen werde, die Binde der Blindheit wegzuschaffen. Er sank machtlos in sein Kissen zurück und lag wie in tiefer Ohnmacht regungslos auf seinem Bett. Von allen Seiten klang es: „Sepp, Sepp!"

Der eine rief es weinend, der andere wie ein Vater, der seinen Sohn aus der Verzweiflung aufrufen will, der dritte wie ein Offizier, der „Vorwärts, marsch!" kommandiert. Allen fehlten Worte des Trostes, nur in dem Ton, in dem sie riefen, lockten und schmeichelten, lag ihr Erbarmen, ihr Mahnen, Helfen und Bitten. Nach einigen Augenblicken war es wieder ganz still im Saal.

Auf einmal richtete sich Sepp auf und sagte hochaufatmend und feierlich: „In Gottes Namen! D´Sonn geht unter, d´Sonn geht wieder auf. Meine Sonn ist jetzt halt´s ewige Licht! Werd´s wohl erwarten können."

Quelle. Eismann/Wiggers, Vorlesebuch zum katholischen Katechismus Bd I S.31-33

Ergänzende Literatur
Katechismus der Katholischen Kirche Kompendium S. 82-85 Nr. 202 - 2016
Youcat Jugendkatechismus der Katholischen Kirche Nr 152-15- Nr. 164
Martin Wandel: Wahrheit Ewiges Leben. Credo (Bd. 1)

„ICH GLAUBE ... AMEN!"

Auch das Amen gehört noch zum Glaubensbekenntnis. Es ist nicht ohne Bedeutung. Im Gegenteil es ist wichtig. Sehr sogar. Es ist eines der wenigen Worte, die die Kirche aus der hebräischen Bibel übernommen hat. Im Hebräischen bedeutet „amen" soviel wie: fest sein, feststehen, soviel wie es stimmt! Wer Amen sagt, anerkennt das Gesagte, bestätigt das Vorgebrachte und stimmt zu. Insofern ist das Amen am Schluss des Credo und des Apostólikums nicht eine Floskel. Es besagt, dass wir das, was wir im Glaubensbekenntnis gesprochen haben, auch als Tatsache anerkennen und glauben.

Im Evangelium hören wir Jesus öfters das Amen sagen. Jedoch nicht am Schluss eines Satzes, sondern er leitet das, was er nun sagt mit dem Amen ein, manchmal sogar mit einem zweifachen: „Amen, amen, ich sage euch" (Joh 5,19). Dem mitgekreuzigten Verbrecher (wahrscheinlich einem Terroristen, vgl. Mk 15,7), der Jesus gebeten hatte: „Denk an mich, wenn du in dein Reich kommst", antwortet Jesus: „Amen, ich sage dir: Heute noch wirst du mit mir im Paradiese sein" (Lk 23,43)! Das ist eine Verheißung mit feierlicher Garantieerklärung durch das Amen.

Wenn am Schluss der Glaubensbekenntnisse das Amen steht, dann ist das die Garantieerklärung dafür, dass diese Glaubenssätze stimmen. Wenn wir das Amen am Ende mitsprechen, bedeutet das, dass wir dem zustimmen. Und zwar ohne Vorbehalte! Ein Auswahlglaube gilt nicht. Das Amen ist auch Ausdruck unserer Verpflichtung, und am Ende unserer Gebete unterstreicht es unseren Lobpreis bzw. unsere Bitten.

Während Schubert in seiner Vertonung den Satz, „die eine, heilige, katholische und apostolische Kirche" auslässt, schließt Bruckner das Credo seiner f-moll Messe mit einem grandiosen, nicht endenwollendem: „Credo, Credo, Credo, Amen, Amen, Amen,: Ich glaube, glaube, glaube, Amen, Amen, Amen."

Ergänzende Literatur
Katechismus des Katholischen Glaubens Kompendium Nr. 217
Youcat Jugendkatechismus der Katholischen Kirche Nr. 527

ANHANG

„Selig, die nicht sehen und doch glauben" (Joh 20,29)

Zur Problematik der Privatoffenbarungen

1. Seit Jahren wimmelt es von Sehern und Botschaften innerhalb der katholischen Kirche und zwar in einem Maße, wie wir das von früher her nicht kennen. Dafür gibt es wohl mehrere Gründe. Sollte tatsächlich – wie Papst Johannes XXIII. erhofft hatte – ein „neues Pfingsten" in der Kirche angebrochen sein?
Die krisenhaften und teilweise chaotischen Anzeichen in der Kirche von heute sprechen nicht für diese Annahme. Wenn man früher kaum oder wenig von solchen Dingen erfuhr, hängt das auch damit zusammen, dass Veröffentlichungen auf religiösem Gebiet der kirchlichen Zensur unterlagen und die kirchliche Druckerlaubnis brauchten. Außerdem gab es den Index, das Verzeichnis der für katholische Christen zu lesen verbotenen Bücher. Schriften mit abwegigen oder zweifelhaften Glaubens- oder Frömmigkeitsinhalten wurden indiziert, das heißt, sie wurden als solche durch den Index gekennzeichnet. Diese Hürde der kirchlichen Zensur und Druckerlaubnis, die dem Schutz des unverfälschten Glaubens diente, konnten Berichte von zweifelhaften oder abwegigen Visionen und Botschaften nicht überwinden. So verbot z.B. noch 1960 das Heilige Offizium (Vorläuferin der heutigen Glaubenskongregation) jegliche Publikation über die französische Mystikerin Yvonne-Aimée de Jesus (+1951), „um dem Risiko schwärmerischer Übertreibungen zuvorzukommen" (Kardinal Ratzinger). Erst 1984 erteilte die Glaubenskongregation eine Sonderbewilligung für eine Publikation über Yvonne-Aimée, die im Jahr 2000 in deutscher Übersetzung erschienen ist: Rene Lauretin, Yvonne-Aimée de Jesus – Geschichte einer großen Liebe.

Heute, da jeder ungehindert auf diesem Gebiet mehr oder weniger qualifizierte Berichte über angebliche Erscheinungen, Visionen und Botschaften veröffentlichen und verbreiten kann, ergießt sich eine Flut von mystischen Erzeugnissen über die Gläubigen, die gar nicht in der Lage sind, Echtes von Unechtem und Falsches von Richtigem zu unterscheiden, um die Spreu vom Weizen zu sieben. Hinzu kommt, dass durch die innerkirchliche Entwicklung der letzten Jahrzehnte viele Gläubige verunsichert sind und nach solchen Dingen greifen, weil sie sich dadurch eine Stärkung ihres Glaubens erhoffen. Es scheint so, als ob auch auf diesem Gebiet Nachfrage und Angebot sich gegenseitig bedingen bzw. provozieren.

Doch nicht alles, was da geboten wird, ist seriös. Ja es gibt u.U. auch „fromme" Scharlatane unter den „Sehern" und „Begnadeten", die auf finanziellen Vorteil aus sind. Man kann auf diesem Gebiet auch mit Bildern, Druckerzeugnissen oder Vortragstourneen Geld verdienen.

Es gibt sogar Leute, die selbst vor Fälschungen nicht zurückschrecken, sei es, weil man Geld damit machen kann, sei es, weil sie glauben, damit der Kirche und „Gott einen Dienst zu erweisen" (Joh 16,2). Dass sie mit solch betrügerischen Praktiken dem „Vater der Lüge", wie Jesus den Teufel (Joh 8,44) nennt, in die Hände spielen, ja seine Kompagnons werden, kommt ihnen anscheinend gar nicht in den Sinn. Vor Jahren wurde mir ein Bild übersandt, auf dem Jesus kniend mit einem Embryo auf der ausgestreckten Hand dargestellt war.

Laut beiliegendem Brief war es in der Zeitschrift MIR veröffentlicht worden und soll von einem jungen Mann aufgenommen worden sein, der im Zusammenhang mit einer Marienerscheinung „die plötzlich pulsierende Sonne" fotografiert haben will, in deren Mittelpunkt diese Figur sichtbar geworden sei. Nunmehr solle dieses Bild auf göttliche Eingebung hin kirchlich anerkannt und im Kampf gegen die Abtreibung weltweit verbreitet werden. Da mir auffiel, dass das Foto im ganzen unscharf, aber der Arm und die Hand mit dem Embryo scharf war, schöpfte ich Verdacht und liess das Bild am Computer vergrößern. Ergebnis: das angeblich auf wunderbare Weise zustande gekommene Foto entpuppte sich als Fotomontage. Auf dem Bildschirm konnte man sogar noch erkennen, dass die ursprünglich auf der Brust des Herrn liegende rechte Hand wegretuschiert war. Ebenso bekam ich vor einiger Zeit ein Foto der weinenden Rosa Mystica zugesandt, an dem eine fromme Frau nach dem Gebet plötzlich eine Veränderung wahrgenommen haben will. Zufällig besaß ich auch so ein Farbfoto von der tränenvergießenden Statue der Rosa Mystica. Auf meinem Foto waren die gleichen Dinge zu sehen, die jene Frau nach ihrem intensiven Gebet glaubte, festgestellt zu haben. So etwas kann jedem passieren, dass er etwas an einem Gegenstand entdeckt, was er seither übersehen hat. Aber das Beispiel zeigt, wie aufgeheizt die mystischen Erwartungen in manchen frommen Kreisen sind.

Die notwendige Skepsis

2. Darum ist Skepsis geboten gegenüber Berichten über „wunderbare" Vorkommnisse, die unter den Gläubigen kursieren. Es gibt Menschen, die sind wie versessen auf solche Dinge und verwechseln das mit Gläubigkeit. Niemand braucht zu befürchten, dass er Gott beleidige, wenn er mystischen Phänomenen skeptisch begegnet.

Die großen katholischen Meister der Mystik wie z.B. Johannes vom Kreuz oder Theresa von Avila und alle Lehrbücher der mystischen Theologie warnen ausdrücklich, solchen Phänomenen Glauben zu schenken; ja, sie verlangen, man müsse derartigem misstrauen, man solle sie lieber verwer- fen, anstatt daran zu glauben. Und sie geben den mit solchen Phänomenen Heimgesuchten den Rat, sich in den Anfängen am besten zu widersetzen. Vgl. Tanquerey, Grundriss der aszetischen und mystischen Theologie Nr. 1511c. Alle einschlägigen vorkonziliaren theologischen Lehrbücher äußern sich übereinstimmend in dem Sinn, solche Dinge seien viel weniger wichtig als die Übung der Tugenden. Ganz energisch äußert sich der heilige Johannes vom Kreuz: „Nichts ist dem Teufel wohlgefälliger als eine Seele, die nach Offenbarungen gierig verlangt. Denn so wird ihm alle Leichtigkeit geboten, Irrtümer einzuträufeln und den Glauben zu schwächen." Schon der heilige Paulus rechnet mit der Möglichkeit, dass sich „der Satan verkleidet in einen Engel des Lichtes" (2 Kor 11,14). Selbst an den HERRN trat der Versucher mit frommen Argumenten heran. Er berief sich dabei sogar auf Worte aus der Heiligen Schrift (vgl. Mt 4,6).

Aber man muss nicht immer gleich den Teufel hinter solchen Vorkommnissen vermuten. In den Lehrbüchern der mystischen Theologie wird eigens auf die Möglichkeit hingewiesen, dass selbst in echte visionäre Erlebnisse sich Erwartungen und persönliche Vorstellungen der betreffenden Seher und Seherinnen darunter mischen können.

Die Geschichte der Mystik liefert dafür Beispiele genug. So erklärte der heilige Vinzenz Ferrier (+1419), einer der bedeutendsten Bußprediger des Mittelalters, unter Berufung auf Visionen, das Weltende stehe unmittelbar bevor. Im Zusammenhang mit der Jahrtausendwende wurden ja auch bei uns von angeblich mystisch Begnadeten ähnliche Erwartungen und Voraussagen, die Wiederkunft Christi betreffend, geäußert.

Wie sehr u.U. religiöse und theologische Auffassungen der Zeit und des Milieus auf Privatoffenbarungen sich auswirken können, zeigt das Beispiel der heiligen Katharina von Siena (+1380), die glaubte, Maria habe ihr geoffenbart, sie sei nicht unbefleckt empfangen.

Das wird verständlich, wenn man weiß, dass zur Zeit der Heiligen diese Glaubenswahrheit noch umstritten war. Selbst ein so großer Marienverehrer wie der heilige Bernhard von Clairvaux wandte sich in einem Brief (1140) an die Kanoniker von Lyon gegen die Einführung des Festes. Auch der heilige Thomas von Aquin (+1274) war ein theologischer Gegner der unbefleckten Empfängnis Mariens. Er konnte es nicht in Übereinstimmung bringen, dass jemand von der Erbschuld befreit sei, noch bevor Christus die Erlösung durch seinen Tod am Kreuz bewirkt hat. Erst der selige Duns Scotus (+1308) löste das theologische Problem, wie es möglich sein könne, dass Maria erlöst worden sei, noch bevor Jesus die Erlösung am Kreuz vollbracht hatte. Seine Lösung ist in die Oration des Festes vom 8. Dezember eingegangen: „Großer und heiliger Gott, im Hinblick auf den Erlösertod Christi hast du die selige Jungfrau Maria schon im ersten Augenblick ihres Daseins vor jeder Sünde bewahrt, um deinem Sohn eine würdige Wohnung zu bereiten." Duns Scotus gehörte dem Franziskanerorden an. Und zwischen den Franziskanern und den Dominikanern gab es in dieser Frage den theologischen Disput. Die ersteren waren dafür, die letzteren waren dagegen. Katharina von Siena stand als Mitglied des 3. Ordens vom hl. Dominikus eben auf der Seite und unter dem Einfluss der Dominikaner. Und deren Auffassungen schlugen auch in ihren privaten Offenbarungen durch.

Fazit: Man kann in der Kirche strittige Probleme nicht unter Bezug auf Privatoffenbarungen noch so frommer und begnadeter Menschen entscheiden oder lösen. Zumal nach katholischer Lehre niemand verpflichtet ist, Privatoffenbarungen mit religiösem Glauben anzunehmen, wie er Glaubenswahrheiten gegenüber gefordert ist.. Selbst dann, wenn sie kirchlich anerkannt sind, übernimmt die Kirche nicht die Bürgschaft für die Übernatürlichkeit der Privatoffenbarung. Die Anerkennung durch die Kirche besagt lediglich, dass solche Kundgaben nichts gegen den Glauben und die Sitten enthalten und dementsprechend ohne Gefahr benutzt werden können.

So haben kirchlich anerkannte Privatoffenbarungen in der Frömmigkeitsgeschichte eine Rolle gespielt und Anstöße gegeben, z. B. die Einführung des Fronleichnamsfestes durch Juliane von Lüttich oder die Herz-Jesu-Verehrung durch Maria Margarete Alacoque (vgl. Karl Rahner, Visionen und Prophezeiungen S. 69).

Wenn selbst große Heilige sich hinsichtlich ihrer Eingebungen irrten, „so dürfen Selbsttäuschungen bei anderen Sehern, deren Heiligkeit keineswegs feststeht, um so weniger wundernehmen" (G.B. Scaramelli, Anleitung in der mystischen Theologie II. Teil S. 129 f.). Mancher Leser wird sich fragen, wie so etwas überhaupt möglich ist bei heiligen oder heiligmäßigen Personen.

Was lehren die einschlägigen Werke der mystischen Theologie?

3. Die Lehrbücher der Mystik geben darüber unter Berufung auf heilige Mystiker und große Theologen einhellige Auskunft. Von solchen „inneren übernatürlichen Ansprachen" heißt es in einem klassischen Werk der mystischen Theologie: Die vom Geiste Gottes erfasste Seele bringe mit solcher Lebendigkeit und Schnelligkeit solche hervor, „dass sie meint, sie seien ihr von Gott eingegeben und gesprochen, während sie doch in der Tat dieselben selbst mit ihrem Verstande hervorbringt und sie auch zu sich selbst spricht. Dies geschieht immer, wenn die Seele im Gebete recht gesammelt ist." Ja, wenn sie sich in irgendeine göttliche Wahrheit in der Betrachtung vertiefe, so durchdringe sie immer neue und neue Wahrheiten, und bilde sich über dieselben fortwährend neue Begriffe mit solcher Schnelligkeit und Klarheit, „dass sie gar nicht bemerkt, sie sei selber die Urheberin derselben, sondern meint, Gott selber spreche dieselben zu ihr." Bei diesen inneren Ansprachen müsse man mit vieler Umsicht zu Werke gehen, um nicht zu irren. „Denn obwohl sie öfters aus göttlicher Erleuchtung entspringen, so entstehen sie zuweilen auch dem natürlichen Lichte ihres Verstandes... Man muss näm- lich wissen, dass der Verstand, obwohl er ...vom himmlischen Lichte erleuchtet wird, dessen ungeachtet diesem Lichte nicht folgen, sondern zu anderen Wahrheiten abschweifen kann, zu denen er nicht von Gott angetrieben wird." (Scaramelli a.a.O. S. 131).

Mancher Leser wird sich fragen: Wie kann man dann noch echt von unecht in Privatoffenbarungen unterscheiden? Nun, die mystische Theologie hat dafür Kriterien zur Unterscheidung von wahren und falschen Offenbarungen entwickelt. Jeder Seelsorger sollte sie eigentlich kennen und anwenden, um die ihm anvertrauten Seelen vor geistlichen Irrwegen und die

Gläubigen vor Verwirrung und Schaden auf diesem Gebiet zu bewahren. Auf die Frage eines Rektors eines Priesterseminars, was bei der Ausbildung der Theologen am wichtigsten sei, antwortete Therese Neumann von Konnersreuth: „Das Studium der Mystik." Was Therese Neumann meinte, war, „die künftigen Priester sollten nicht nur Beichte hören können, sondern auch in der Lage sein, Führung zu geben auf einem Gebiet, wo Einzelgänger sich verirren" (W. Schamoni, Einführung zu Scaramelli S. V).

In einer Broschüre „Hilfen für die große Drangsal" werden Ratschläge gegeben für die „drei Tage der Finsternis", die angeblich einer Amerikanerin offenbart wurden, die sich als „Sekretärin" von Jesus, Maria und Joseph ausgibt. So soll die Gottesmutter geraten haben, wertvolles Geschirr zu verpakken wegen der starken Donner und Erdbeben! Und von Jesus will sie Empfehlungen bekommen haben betreffend dem Verkauf von Aktien! Und zusätzliche Kleidung, Schuhe und Lebensmittel für jene Zeiten vorrätig zu halten usw. Hat die Sekretärin noch nie die Bergpredigt gelesen? Wo es dort heißt: „Sorgt euch nicht um euer Leben und darum, dass ihr etwas zu essen habt, noch um euren Leib und darum, dass ihr etwas anzuziehen habt. Macht euch keine Sorgen und fragt nicht, was sollen wir essen? Was sollen wir trinken? Was sollen wir anziehen? Denn um all das geht es den Heiden!" (Mat 6,25.31f). Aber am schlimmsten ist, dass am 1. Oktober 1998 ausge- rechnet der heilige Joseph dazu auffordert, mit der Bildung einer „Unter- grundkirche" zu beginnen und Jesus selber unter dem gleichen Datum diese „Untergrundkirche" bestätigt. Da müsste doch einem Gläubigen, der die Bergpredigt Jesu kennt, die rote Warnlampe aufleuchten.

4. Wie sollen wir uns verhalten gegenüber kirchlich nicht (oder noch nicht) anerkannten Privatoffenbarungen? „Uns steht nichts besser an, als die weise Zurückhaltung der heiligen Kirche und der Heiligen nachzuahmen", lautet der Rat eines kirchlich approbierten Werkes: Thanquerrey, Grundriss der aszetischen und mystischen Theologie Nr 1509a. So wurden erst zwanzig Jahre nach der ersten Erscheinung der Gottesmutter in Lourdes die übernatürlichen Ereignisse kirchlich anerkannt. In Fatima waren es dreizehn Jahre nach der letzten Erscheinung, dass diese offiziell als glaubwürdig anerkannt, und die öffentliche Verehrung Unserer Lieben Frau von Fatima gestattet wurde. Vgl. Fonseca, Maria spricht zur Welt S 218 und S 222.
Die Kirche misstraut nicht Gott, aber sie misstraut dem für Irrtum anfälligen Menschen und dem „Vater der Lüge" (Joh 8,44), dem Teufel. Sie weiß

aus Jahrhunderte langer Erfahrung, wie sehr der Mensch Selbsttäuschungen unterliegt; sie weiß dass der Mensch allzu gerne äußere Wunder ersehnt, auf religiöse Sensationen erpicht ist, die ihn von der Verpflichtung zu glauben entbinden. Jesus hat dem Versucher gegenüber es abgelehnt, von der Tempelzinne zu springen und ein Schauwunder zu wirken (vgl. Mt 4,5-7). Wer darum Privatoffenbarungen und kursierenden „Botschaften" gegenüber skeptisch und zurückhaltend sich verhält, ist damit noch lange kein Ungläubiger oder „Modernist", sondern ein Gläubiger, der die Erfahrungen der Geschichte der Mystik ernst nimmt und sich an den Regeln der mystischen Theologie und der Praxis der Kirche orientiert. Leichtgläubigkeit auf diesem Gebiet hat nichts mit Frömmigkeit und gesundem Glauben zu tun. Gier nach religiösen Sensationen verhindert im Gegenteil ein echtes Wachstum in den drei göttlichen Tugenden: Glaube, Hoffnung und Liebe. Der heilige Thomas von Aquin lehrt, dass unser Glaube sich nicht auf Privatoffenbarungen stützt, die dieser oder jener Person gemacht wurden, sondern unser Glaube gründet sich auf die Offenbarung, welche den Aposteln und Propheten gemacht wurde, „welche die kanonischen Bücher (Heilige Schrift) geschrieben haben, nicht aber auf die Offenbarung, welche an andere Lehrer erging" (Summa theolog. I. 2, qu.1. art.8. ad 2). Die echten Mystiker(innen) halten sich verborgen. „Begnadete", die von Ort zu Ort reisen und sich vorstellen, machen sich von vornherein verdächtig „Pseudomystiker" zu sein.

Die Selige Mirjam von Abellin (+1878), selber mystisch Begnadete und mit zahlreichen Charismen ausgezeichnete Karmelitin aus dem Heiligen Land, misstraute Leuten, deren außerordentlichen Weg man rühmte. „Mir scheint, dass diese Menschen über ein ins Wasser gelegtes Brett gehen. Ich habe sagen hören, wie gefährlich diese Zustände sind! O mein Gott, bewahre mich vor alledem! Der Glaube genügt uns. Da gibt es keinen Hochmut!"(Brunot, Licht vom Tabor S. 140).

Was der auferstandene Herr einst dem Apostel Thomas sagte, gilt heute noch genauso: „Selig sind die, die nicht sehen und doch glauben" (Joh 20,29)!

Ergänzende Literatur
Katechismus der Katholischen Kirche Nr. 6-10
Youcat Jugendkatechismus der Katholischen Kirche Nr. 10
I.& O. Obereder, Das unglaubliche Glaubensbuch S 133-136

AKTE ZUR ERWECKUNG DER GÖTTLICHEN TUGENDEN

Akt des Glaubens

Herr und Gott, ich glaube fest und bekenne
Alles und jedes,
was die heilige katholische Kirche lehrt.
Denn du, o Gott, hast das alles offenbart,
der du die ewige Wahrheit und Weisheit bist,
die weder täuschen noch getäuscht werden kann.
In diesem Glauben will ich leben und sterben. Amen.

Akt der Hoffnung

Herr und Gott, ich hoffe,
dass ich durch deine Gnade
die Vergebung aller Sünden
und nach diesem Leben
die ewige Seligkeit erlange.
Denn du hast das versprochen,
der Du unendlich mächtig,
treu, gütig und barmherzig bist.
In dieser Hoffnung will ich leben und sterben. Amen.

Akt der Liebe

Herr und Gott, ich liebe Dich über alles
und meinen Nächsten um Deinetwillen,
denn Du bist das höchste, unendliche und
vollkommenste Gut, das aller Liebe würdig ist.
In dieser Liebe will ich leben und sterben. Amen.

Katechismus der Katholischen Kirche – Kompendium S. 238

NACHWORT

Auf die Ankündigung meines Buches wurden mir von verschiedenen Seiten mehrseitige Zuschriften gesandt. Darunter auch „Freimaurerische Pläne zur Zerstörung der katholischen Kirche". Um auf all das einzugehen, bräuchte es weiterer Bücher. Vorliegendes Buch will kein Kompendium des katholischen Glaubens sein. Es ist nur ein „Lockmittel", eine Hilfe, um sich mit dem Glauben zu befassen. Darum die Verweise auf ergänzende Literatur.

In seiner Abschiedsansprache an die Kurienkardinäle zitierte Papst Benedikt XVI. eine Widmung, die ihm Romano Guardini in sein letztes Buch geschrieben hat: „Die Kirche ist keine erfundene Institution, die am Tisch erschaffen wurde, sondern eine lebendige Realität. Sie lebt entlang dem Lauf der Zeit auf Zukunft gerichtet, wie jedes Lebewesen, und verändert sich. Und doch bleibt sie immer dieselbe, ihr Herz ist Christus" (DT 2.März 2013 S.3).

Der Verfasser will nicht versäumen, Gott zu danken, der es einem 87-jährigen ermöglichte, noch einmal ein Buch zu schreiben. Aber auch denen soll „Vergelt´s Gott" gesagt sein, die bei der Fertigstellung selbstlos mitgeholfen haben: Frau Annemarie Nothhelfer, die viele Schreib- und Satzzeichenfehler korrigiert und auf verbesserungswürdige Formulierungen hingewiesen hat, ferner P. DDr. theol. Markus Christoph SJM, der einem Computer-ABC-Schützen immer wieder über Klippen hinweggeholfen hat, und P. Eduard Deffner SJM nebst P. Tobias Christoph SJM für die Gestaltung des Umschlages.

Blindenmarkt, 4. März 2013   G.B.